AF268124

TRAITÉS

ÉLÉMENTAIRES

DE LÉGISLATION

ET

DE PROCÉDURE.

TRAITÉS

ÉLÉMENTAIRES

DE LÉGISLATION

ET

DE PROCÉDURE,

A L'USAGE DES ÉLÈVES DE LA FACULTÉ
DE DROIT DE DIJON.

PAR LE PROFESSEUR DE LÉGISLATION
ET DE PROCÉDURE EN CETTE FACULTÉ.

PREMIER TRAITÉ.

DES ACTIONS.

A DIJON,

DE L'IMPRIMERIE DE BERNARD-DEFAY.

1817.

AVERTISSEMENT.

IL a paru sur la législation et la procédure
civile ou criminelle plusieurs ouvrages re-
commandables : pourquoi donc en imprimer
de nouveaux ?

Je sens plus que personne la force de cette
objection , et pourtant voici ma réponse :
Les principes sont invariables par leur nature , mais la manière de les présenter ne
l'est pas. Chacun a ses idées, son plan , sa
méthode d'enseigner. Or cette variété est-
elle un mal ? Loin de là ; car elle fait naître
entre les professeurs, même entre les écoles ,
une certaine rivalité qui produit l'émula-
tion , et qui tourne au profit de la science.

Je hasarde donc la publication de ce premier Traité qui fait partie de mes élémens.
Si le public l'accueille avec bienveillance, je
ferai paraître successivement le surplus ;
sinon , je me tiendrai pour averti.

AVANT-PROPOS.

Suivant la loi du 22 ventôse an 12 (13 mars 1804) sur l'organisation des écoles de droit, un professeur est chargé d'enseigner la législation criminelle, et la procédure soit civile, soit criminelle. Que signifient ces mots *législation* et *procédure* ?

Le mot *législation* a en français trois acceptions différentes : dans le sens propre, la législation (*latio legis*) est l'exercice du droit de faire les lois (*jus legis ferendae.*)

Dans un sens moins direct, on appelle ainsi la collection des lois portées par le législateur.

Enfin, dans un sens encore plus éloigné, le mot *législation* signifie la science ou connaissance des lois : c'est dans cette dernière acception que nous devons l'entendre d'après la loi ci-dessus rappelée.

La *procédure* (du verbe *procedere*, marcher) est la manière d'agir, ou de faire marcher l'action, soit devant, soit hors les tribunaux, suivant les règles et les formes que la loi a prescrites.

La procédure n'étant ainsi que la loi mise légalement en action, fait en conséquence partie de la législation, c'est-à-dire de la collection des lois générales de l'état.

On voit par là quel est l'objet du cours dont nous sommes chargés : c'est d'enseigner la science des lois criminelles et des lois de procédure.

Savoir les lois, ce n'est pas en connaître seulement les expressions, mais encore, 1° la métaphysique ou théorie, c'est-à-dire les principes, l'étendue, la force; 2° le mode d'application ou les règles de pratique. Tel est aussi le plan que nous nous proposons de suivre dans ces traités ; mais avant d'en venir aux détails de la science, nous croyons devoir exposer quelques-uns des principes les plus généraux, sur lesquels les lois sont fondées.

DISCOURS PRÉLIMINAIRE.

PRINCIPES GÉNÉRAUX.

Nous présenterons dans ce discours quelques idées générales sur la loi et ses caractères, sur la propriété et la justice, sur l'organisation sociale et les divers ordres de lois, sur la sanction des lois, enfin sur leur application et leur exécution.

I.

De la Loi, et de ses caractères.

On peut définir la loi en général : *un ordre établi et maintenu par une puissance.*

Un *ordre*, c'est-à-dire un mouvement régulier, uniforme, constant, fondé sur la juste combinaison des rapports qui lient les êtres entr'eux.

L'ordre suppose en effet volonté, calcul, arrangement. Il ne peut être produit que par une *puissance* qui raisonne et qui veut.

Mais on conçoit que, pour que l'ordre s'établisse et se maintienne, il faut deux choses : 1° une expression claire qui le fasse connaître à tous ; 2° une volonté irrésistible qui le fasse observer par tous.

C'est ainsi que tous les caractères d'une

bonne loi sont renfermés dans notre définition.

1º La loi doit être raisonnable, juste,
universelle, constante; sans quoi elle ne
serait pas conforme à l'*ordre*. Un commandement contraire à la raison, c'est folie : contraire à la justice, c'est despotisme. Un
commandement qui n'oblige pas universellement n'est que l'oppression de plusieurs :
un commandement qui change toujours,
n'est que désordre et confusion.

2º La loi doit être claire et précise : un
commandement qui n'est pas mis à la portée de tous, ne peut être obligatoire pour
ceux qui l'ignorent.

3º Enfin la loi doit s'appuyer sur la *puissance;* car, pour qu'il y ait mouvement, il
faut que le moteur puisse entraîner les volontés, et surmonter les résistances.

Ces différens caractères qui constituent
la bonté absolue des lois, ne peuvent se
trouver réunis que dans celles qui émanent
de la divinité, source et type éternel de toutes les perfections. (1)

Les lois humaines sont le complément

---

(1) Ce qu'on appelle la loi naturelle, n'est pas proprement une loi; car sa force n'est point coactive :
c'est une inspiration divine, un conseil intime, et comme
l'instinct moral de l'homme. Notre définition n'embrasse donc, rigoureusement parlant, que les lois positives, soit divines, soit humaines; et cependant nous
nous servirons du mot *loi naturelle,* parce qu'il est
reçu dans l'usage, et que la première condition est
de se faire entendre.

de la loi naturelle, et lui prêtent leur force positive; mais elles ne comportent qu'une bonté relative, étant l'ouvrage d'une intelligence bornée et imparfaite. Leur nature même est de changer suivant les temps, les lieux, les circonstances, ou plutôt suivant les besoins des sociétés pour qui elles sont faites. Elles n'en ont pas moins pour base les principes certains, universels et immuables de l'instinct moral ou de la loi naturelle. La justice, ou en d'autres termes le maintien du droit de propriété, en est le but constant et nécessaire; et tous les efforts de l'art social, c'est-à-dire de l'esprit de société ou de la civilisation, doivent tendre sans cesse à les rapprocher de leur divin modèle.

Mais, qu'entendons-nous par ces idées de propriété, de société, de justice? C'est sur quoi il faut fixer un moment notre attention.

I I.

Idées générales sur la Propriété et la Justice.

Dieu a créé l'univers par sa volonté; il le conserve par des lois fixes que lui seul peut changer.

Ces lois appartiennent à deux ordres différens : l'ordre physique, l'ordre moral.

Les premières régissent indistinctement tous les êtres qui frappent nos sens; les secondes sont imposées aux êtres intelligens et libres.

Les êtres purement matériels sont entraînés par un mouvement stable et uniforme, qu'ils ne sont appelés ni à sentir, ni à connaître. Leurs rapports sont dirigés par une force qui n'est point en eux. Ils n'ont ni volonté, ni liberté, et conséquemment ni droits ni devoirs. Ce sont des instrumens dans la main de Dieu : quelques-uns deviennent, par sa permission, des instrumens dans la main des créatures.

D'autres êtres également matériels, mais sensibles et animés, ont en eux un principe de mouvement plus compliqué, une force de vie plus active, plus variée, mais aussi plus fragile. Leur organisation plus délicate ne peut se conserver qu'au moyen d'une réparation et d'une espèce de recomposition successive. Par cette admirable économie, la providence les met en rapport, soit avec les objets purement physiques de la création pour qu'ils en usent suivant leur nature, soit même entr'eux pour qu'ils usent les uns des autres. Elle semble ne multiplier presque à l'infini les espèces les plus faibles, que pour nourrir et conserver les plus fortes et les plus intelligentes, qui sont aussi les plus rares. Ainsi la nécessité de la conservation, le besoin de vivre sont comme une sorte de droit du plus fort, établi par la nature elle-même. Mais cette justice aveugle, qui sacrifie des êtres subordonnés à des êtres supérieurs en force ou en intelligence, ce droit naturel de la puissance sur la faiblesse, n'appartient évidemment qu'aux lois de l'ordre matériel, et non point à celles de l'ordre moral d'où dérivent les droits et les devoirs proprement dits.

Si en effet nous remontons l'échelle des êtres, nous trouvons enfin les intelligences qui, unies ou non à une substance corporelle, sont manifestement les plus parfaites des créatures, puisqu'il existe en elles un principe d'activité morale que ne présentent point les espèces inférieures, principe de volonté, de prévision et de choix, qui a pour modèle l'un des attributs de la divinité elle-même.

C'est là, c'est dans cet ordre que réside véritablement la justice, cette chaîne de droits et de devoirs qui lie entre eux tous les êtres doués d'intelligence.

Remarquons ici la différence entre les droits de l'ordre moral, et cette espèce de droit physique, ou droit du plus fort dont nous avons parlé plus haut : c'est que celui-ci existe isolément et sans aucun devoir qui lui corresponde; au lieu que dans l'ordre moral il ne peut exister aucun droit qui ne suppose la corrélation d'un devoir à remplir.

L'homme jouit, par exemple, du droit d'immoler des animaux à ses besoins physiques : le même droit appartient au loup sur la brebis; aux lions, aux tigres, aux ours, sur toutes les espèces d'animaux. Mais loin que ce soit un devoir pour le faible, de s'offrir à la dent du plus fort : c'est au contraire une obligation pour lui de fuir, s'il le peut, et d'échapper à la mort; car il est dans les lois de la nature, que chaque être organisé veille à sa propre conservation.

Il en est autrement dans les relations morales des êtres intelligens : car, de ce que l'homme, par exemple, a reçu de la nature le droit d'exercer ses facultés, et d'user de ce qui est à lui, il s'ensuit la conséquence que ses semblables doivent respecter ce droit, et n'y porter aucune atteinte.

Dieu lui-même, qui est l'intelligence par excellence, se trouve compris dans cette grande communication de l'ordre moral : non point que ses rapports avec les créatures l'obligent à aucuns devoirs envers elles ; car source ineffable de tout ce qui est, on ne saurait l'en faire dépendre sans l'anéantir par là même ; mais quoiqu'on ne puisse se figurer l'Être suprême comme soumis aux lois qu'il a données à l'œuvre de ses mains, il n'en existe pas moins des rapports certains entre lui et ses créatures intelligentes.

Ces rapports sont ceux de la soumission, de la subordination, de la reconnaissance et de l'amour, qui sont des devoirs indispensables pour des créatures raisonnables envers celui qui les créa, qui les conserve, qui les comble de ses bienfaits, qui leur demandera compte un jour de l'usage qu'elles en auront su faire. Ainsi la divinité répand ses grâces, parce qu'elle le veut ; les êtres intelligens qui en jouissent, l'en remercient et l'adorent, parce qu'ils le doi-

vent. Ce n'est pas même qu'en un certain
sens, Dieu n'ait aussi des devoirs à remplir envers ses créatures; car il ne doit ni
les tromper, ni manquer aux promesses qu'il
leur a faites. Mais on voit que ces préten-
dus devoirs de la divinité, loin de prouver
sa dépendance, ne sont que l'effet de ses
perfections mêmes, de sa bonté, de sa justice infinie, et de sa toute-puissante volonté.

Mettant donc à part les rapports de Dieu
à nous, rapports qui sont, comme lui-même,
une exception à toutes règles, nous voyons
que les droits et les devoirs de l'ordre moral sont liés par une corrélation nécessaire,
comme causes et comme effets les uns des
autres.

Que l'univers soit peuplé d'intelligences
plus relevées et plus parfaites que celle de
l'homme, c'est une vérité étrangère à notre
sujet; car nous n'avons aucun sens pour
nous en assurer : la foi seule peut nous convaincre de leur existence, et nous mettre en
rapport avec elles.

Mais si, ne consultant que la raison, nous
cherchons à nous rendre compte des diverses relations de l'homme avec les objets
extérieurs, nous plaçons au premier rang
ses devoirs envers l'auteur de son être, ensuite ce qu'il se doit à lui-même, et ce qu'il
doit à ses semblables; enfin, et en dernier
ordre, ce qu'il doit aux objets sensibles de
la création, ou en d'autres termes, la manière dont il doit en user.

On peut juger que ces divers rapports

ont tous été réglés par la révélation naturelle , c'est - à - dire par l'ordre que Dieu
lui-même a originairement prescrit à la nature humaine ; d'où il suit que l'homme qui
s'y conforme avec le plus d'exactitude, est
celui de tous qui remplit le mieux la loi de
sa destination. Celui-là rend au seigneur un
culte pur ; il se conserve et se respecte lui-
même ; loin de nuire à ses semblables, il
les sert de tout son pouvoir ; il tourne à
son usage les êtres sensibles que le créa-
teur a soumis à son empire, il les détruit
même au besoin pour s'en nourrir, pour
s'en servir, ou pour éviter leurs atteintes ;
mais sans en faire le jouet de sa tyrannie,
et sans les livrer à des souffrances ou à une
mort inutiles.

Tel était sans doute l'état de l'homme
avant sa dégénération. Corrompu bientôt
par l'orgueil, il perdit, avec son inno-
cence, sa dignité et sa force. Cependant,
malgré sa chute, il n'en est pas moins resté
la première des créatures de ce globe qu'il
habite. Par un bienfait signalé du Très-Haut,
il a, dans son avilissement, conservé en
quelque sorte le souvenir de sa primitive
grandeur. Elle lui apparaît sans cesse comme
si elle cherchait à le rappeler à elle : c'est
un modèle de perfection que Dieu lui met
continuellement sous les yeux pour élever
son courage, et pour attirer ses désirs vers
l'immortalité qui lui est promise.

Si nous considérons en effet cette nature
actuelle de l'homme dégénéré, nous voyons

en lui un être pourvu d'organes spirituels et matériels qui, malgré leur faiblesse, suffisent à la conservation de son espèce, à la sienne propre, à sa conduite, à ses besoins de tout genre, même au perfectionnement de son intelligence et de ses facultés; qui servent enfin à lui faire voir sa destination et son bonheur dans l'accomplissement des lois soit de l'ordre physique, soit de l'ordre moral, qui règlent ses rapports avec les autres êtres.

Ainsi la nature a voulu que l'homme, doué d'organes matériels et intellectuels unis ensemble par un lien mystérieux, appartînt à ces deux ordres de lois qu'elle a établis pour l'harmonie de l'univers.

Parmi les premiers de ces organes, plusieurs sont subordonnés à sa volonté; quelques-uns en sont indépendans, ce sont particulièrement ceux qui tiennent au mécanisme interne de son organisation.

Mais il n'est aucune de ses facultés morales qu'il ne puisse exercer avec une pleine et entière liberté.

Il suit de là que les lois immuables de la nature physique le régissent comme créature matérielle et animée; tandis que les lois de la religion et de la morale qui lui fournissent le moyen de discerner le bien du mal, le laissent comme intelligence, maître de choisir entre l'un et l'autre.

C'est de ce libre arbitre que dépendent la moralité et le mérite de nos actions. Mais que de secours la providence ne nous fournit-elle pas pour diriger notre choix ! Sa bonté nous éclaire par la raison, elle nous avertit par la conscience, elle nous punit par le remords. Elle a gravé au fond de nos cœurs deux préceptes fondamentaux pour régler nos rapports avec les autres hommes, préceptes aussi anciens que notre espèce, et qui ne s'éteindront qu'avec elle : *Ne faites point aux autres ce que vous ne voudriez pas qu'ils vous fissent ! .. Faites-leur tout le bien que vous voudriez qu'on vous fît !...* En d'autres termes, elle nous a dit : *Soyez justes, soyez humains !* C'était nous dire : *Soyez unis !*

L'instinct de la société, de la justice et de l'humanité, est en effet inhérent à notre nature. Le sentiment de nos besoins, de notre dépendance et de notre faiblesse nous force à nous appuyer les uns sur les autres, à nous aider, à nous chérir mutuellement. Sans la protection des auteurs de sa vie, la mort de l'enfant suivrait de près sa naissance ; sans l'assistance de ses enfans, le vieillard périrait avant le terme fixé par la nature ; sans le secours de ses semblables, l'homme qui est le plus faible de tous les animaux, ne pourrait se défendre de leurs attaques, ni encore moins jouir de l'exercice de ses facultés, et remplir sa destination.

Cependant ce libre usage de ses moyens naturels est pour l'homme un droit certain, une propriété sacrée ; puisque tel est l'ordre établi par Dieu même, qu'il en jouisse sans autre restriction que celle de la raison et du devoir.

Ainsi l'homme naît avec des besoins à satisfaire, des droits à exercer, et des devoirs à remplir : ainsi le sentiment de la société, de la propriété, de la justice, est inné dans l'homme : ainsi la propriété n'a point d'autre garantie que la société, et la société point d'autre appui que la justice.

Mais quoique l'homme apporte en naissant l'instinct de la société et le besoin de la justice ; quoique sa conscience le rappelle continuellement à la loi naturelle ; ces notions primitives sont offusquées en lui par l'amour de lui-même, par cet intérêt personnel qui n'a tiré sa force que de la dégénération et de l'affaiblissement de sa raison. Egaré par cet aveugle sentiment, il rapporte tout à lui-même, la justice, l'humanité, l'état social, le monde entier : il s'exagère ses droits et se dissimule ses devoirs. Dans cet état, les principes de l'instinct moral s'altèrent et s'effacent en lui. Il a besoin d'un frein plus fort pour dompter sa nature rebelle ; la religion le lui présente dans une loi révélée par Dieu même, qui a pour sanction la perspective des récompenses et des peines éternelles.

Le joug des lois humaines lui devient également nécessaire ; car son égoïsme tendant sans cesse au relâchement et à la dissolution de la société, il faut, pour la maintenir, des règles positives qui répriment cet égoïsme. En d'autres termes, il faut que de toutes les volontés et de toutes les forces particulières qui composent l'union, il se forme une volonté, une force commune, qui devenant supérieure à celle de chacun des associés, puise les contenir tous dans la ligne du devoir. Chacun sacrifie de la sorte une partie de ses droits, de ses moyens, de ses propriétés, pour obtenir en retour la jouissance paisible et assurée de ce qui lui reste, sous la protection de l'union ; car tout s'achete ici-bas, et l'homme depuis sa chute ne recueille plus qu'après avoir semé. Il est clair pourtant que la meilleure société doit être celle qui coûte le moins aux individus qui la composent : et c'est en cela que consiste le plus difficile problème qu'ait eu de tout temps à résoudre l'intelligence humaine.

Quoi qu'il en soit, on ne peut concevoir la société que comme le produit d'un système, d'une combinaison raisonnée de rapports et de moyens, c'est-à-dire d'un *ordre* établi par la volonté expresse ou présumée de tous, et maintenu par la *force* commune : or nous retrouvons ici la définition que nous avons donnée de la loi.

La société est donc fondée sur la loi ; elle ne se maintient que par la loi ; enfin la loi seule peut assurer aux associés les avantages qui doivent résulter de leur union, savoir la jouissance libre et paisible de tous les droits qu'ils tiennent de la nature, ou de la société elle-même.

La loi n'est ainsi par essence que la raison et la volonté publique qui domine toutes les volontés privées, et les dirige vers un but commun, celui de la justice.

III.

De l'organisation sociale, et des divers ordres de lois.

Toutes ces idées de société, de justice, de loi, quoique pour ainsi dire innées dans l'homme, ne lui seraient d'aucun secours, s'il ne parvenait à les réaliser et à leur donner une utilité positive.

Pour cela on considère la société comme une personne morale qui, étant composée d'êtres plus ou moins intelligens, raisonnables et forts, est douée elle-même, plus qu'eux tous, d'intelligence, de raison et de puissance. Elle a ses droits, ses propriétés, sa volonté, sa force. Elle entre en rapport avec ses membres, à qui elle doit protection et qui lui doivent obéissance ; avec les sociétés étrangères qui sont, ainsi qu'elle, dans un état d'indépendance mutuelle, en tout ce qui concerne leur organisation respective. Enfin on la vivifie, on l'anime pour ainsi dire, en créant des autorités qui parlent, qui agissent, qui ordonnent en son nom, et qui font exécuter de gré ou de force les lois qu'elle s'est données : c'est ce qu'on entend par le gouvernement.

On voit par là quel est l'objet des diverses lois qui constituent l'ordre social ; mais toutes doivent réunir, autant que la faiblesse et l'imperfection de la raison humaine peuvent le permettre, les différens caractères que nous avons déduits de la définition de

la loi en général; toutes doivent avoir pour
type la justice et l'humanité, ces deux préceptes fondamentaux de la loi naturelle.

Les lois se divisent et se classent entre
elles d'après le but d'utilité qu'elles se pro-
posent.

Il faut que la société s'organise, il faut
sur-tout qu'elle se maintienne; car sans société, point de propriété, point de paix,
point de justice. Les lois qui établissent le
gouvernement, qui balancent les pouvoirs
publics, qui tendent à défendre la société
contre les agressions étrangères, ou contre
les troubles intérieurs, qui déterminent les
rapports de l'état et ses communications politiques ou commerciales avec les gouver-
nemens étrangers, qui fondent les ressour-
ces publiques sur des sacrifices imposés aux
citoyens; les lois relatives au culte religieux,
à l'éducation, à la morale publique; les lois
d'administration générale; et en un mot toutes celles qui tiennent à la constitution ou à
la conservation de la société, sont les premières en ordre par leur importance.

Il faut que la société protège la sureté de
ses membres; car autrement à quoi leur ser-
virait-elle? Les lois qui ont pour but de
les défendre dans leurs personnes et leurs
propriétés, les lois qui répriment les attentats particuliers de la violence, de la mé-
chanceté et de la fraude, quoique n'ayant en
vue, à ce qu'on pourrait croire, que l'intérêt individuel des citoyens, n'en appartiennent pas moins, sous un rapport essen-

tiel, aux institutions générales et à l'ordre
public; en ce que les atteintes portées à la
sureté personnelle de quelques-uns, jettent
l'inquiétude et la terreur dans l'ame de tous,
ébranlent la confiance, troublent la paix et
tendent à detruire la société, en ramenant
l'état de nature où chacun a le droit de s'ar-
mer pour sa propre défense.

Il faut enfin que la société assure à chacun ses droits de famille, ses droits sociaux,
l'exercice de son industrie, la jouissance de
sa fortune : telle est encore la condition nécessaire des sacrifices que chacun doit lui
faire. Les lois qui règlent l'état domestique
et civil, qui garantissent la bonne foi du
commerce et la stricte observation des engagemens, quoique d'une nécessité aussi réelle
que les autres pour faire régner la justice
entre les citoyens, sont néanmoins placées
dans un ordre inférieur, parce qu'elles sont
d'une importance moins générale, qu'elles
sont plus susceptibles de changer au gré
des circonstances, et qu'elles se prêtent avec
plus de souplesse aux modifications de l'é-
quité.

IV.

Des divers ordres de propriété, et de la
sanction des lois.

On voit, d'après ce qui a été dit, que
nous entendons en général par *propriété*
tout ce dont on ne peut nous priver sans
violer nos droits naturels ou civils; et que

(24)

tout droit dans l'ordre moral supposant un devoir corrélatif, chaque homme doit ainsi respecter les droits de chaque homme. Or *la justice* n'a point d'autre but que de rendre à chacun ce qui lui est dû; et *la société* n'est instituée que pour garantir également à tous la jouissance paisible de leurs droits respectifs, quelqu'inégaux qu'ils soient : c'est ainsi qu'il y a une liaison naturelle et intime entre ces trois idées, *propriété, justice, société*.

La propriété peut se considérer sous deux points de vue différens, selon qu'elle nous appartient, ou qu'elle appartient à nos semblables. On divise en conséquence les droits qui la constituent, en droits actifs, c'est-à-dire que nous avons à réclamer contre les autres ; et en droits passifs, c'est-à-dire que les autres ont à prétendre contre nous : *droits actifs*, parce qu'ils nous donnent action ; *droits passifs*, parce qu'ils nous obligent à souffrir l'action d'autrui.

Notre propriété active comprend donc tous les biens que nous avons reçus de la nature ou de la société, et que la loi positive nous assure.

Parmi ces biens, les uns tiennent directement à notre personne : c'est la sureté, la liberté, l'état politique ou civil, l'honneur, la vie. Les autres sont hors de nous, et ne nous touchent que d'une manière indirecte : ce sont les produits de notre industrie, c'est l'usage et la possession pai-

sible des objets matériels qui nous appartiennent d'après le droit civil.

Les biens de la première classe sont de
tous les plus précieux, puisqu'ils tiennent
à notre existence, soit physique, soit morale.

Ceux de la seconde, bien que d'un prix
inférieur, n'en sont pas moins très impor-
tans pour nous, puisqu'ils nous servent
comme moyens de conservation, ou d'utilité, ou d'agrément.

Ce qui est commun à tous, c'est qu'on ne
peut nous empêcher d'en jouir, sans blesser
la propriété, sans blesser la justice; et conséquemment sans blesser l'ordre public qui
repose sur ces deux bases fondamentales.

Mais s'il n'est ainsi aucun attentat à la
propriété qui ne trouble l'ordre de la société toute entière, la justice exige néanmoins qu'on ne les confonde pas tous indistinctement dans la même classe, et que
l'on proportionne la sévérité de leur répression au plus ou moins de gravité qu'ils présentent.

Or cette gravité se mesure à la fois sur
le tort plus ou moins grand qu'a occasionné
l'attentat, sur le degré de perversité qui l'a
fait commettre, sur le plus ou moins de difficulté que la personne lésée a eu de s'en
garantir.

Le tort est le plus grand possible, si c'est
la société elle-même qui l'éprouve directement; comme si l'on attente aux lois fondamentales de l'état, si l'on conspire contre

le gouvernement, si l'on trahit sa patrie, ou qu'on s'arme contre elle, ou qu'on provoque des rébellions, des soulèvemens, des révolutions politiques, etc.

Le tort fait à la société est moins direct, si c'est un citoyen qui a été atteint dans sa propriété personnelle, c'est-à-dire dans sa liberté, son honneur ou sa vie; mais il est également public, car, on ne peut trop le répéter, lorsque ces premiers biens de l'homme sont compromis, une inquiétude générale se répand parmi les citoyens, et la société qui ne tient sa force que de la confiance de tous, sa sécurité que de la leur, est par là menacée dans ses fondemens les plus intimes.

.. Enfin, le tort fait à la société est le plus indirect et le plus faible de tous, quand l'attentat ne porte que sur la propriété réelle d'un individu, sur cette classe de biens et de droits qui sont hors de nous, et ne tiennent point à notre personne : comme si on lèse un citoyen dans ses relations d'intérêt, si on use de fraude à son égard, si on viole les engagemens qu'on a pris envers lui, etc. Un pareil tort est en effet plutôt privé que public.

Observons néanmoins que, même par rapport à cette espèce de biens, si l'attentat était de telle nature qu'on n'eût pu s'en garantir sans un excès de précautions dont il n'est point naturel d'user, alors la sécurité de tous en souffrirait, et le tort causé prendrait un caractère public.

C'est d'après ces diverses considérations, qu'on a dû donner aux lois une sanction plus ou moins forte.

Le mot *sanction* vient du latin *sancire* affermir , *sanctio* affermissement. Par là on entend les châtimens ou les désavantages sociaux attachés à l'infraction des lois, et qui doivent être l'effet de cette infraction, comme ils en sont le préservatif.

On distingue deux espèces de sanctions : la sanction criminelle ou pénale, et la sanction civile. Par la première, on applique dans une juste proportion les peines que la loi prononce contre les attentats directement ou indirectement publics. Par la seconde, on fait éprouver des adjudications de dommages et intérêts, des condamnations de dépens , quelquefois des privations de droits, même celle de la liberté personnelle, à l'auteur d'un attentat purement civil ou privé. Les lois qui ont une sanction pénale proprement dite , sont en conséquence appelées lois criminelles : celles qui n'ont qu'une sanction civile, sont appelées lois civiles.

C'est la sanction qui peut seule assurer l'observation des lois; car les actions de l'homme n'ont d'autre mobile que l'attente du bien et la crainte du mal. Les lois n'ont donc d'effet et de réalité, que parce qu'elles ordonnent ou qu'elles défendent, qu'elles récompensent ou qu'elles punissent.

On conçoit pourtant qu'elles ne peuvent exercer leur empire que sur les actions ex-

térieures de l'homme , et que leur domaine
s'arrête là où commence celui de la morale
privée et de la religion.

Ainsi les lois sont etablies pour assurer les
droits de tous et les droits de chacun ; elles
fixent ces droits, en déterminent l'étendue
et en règlent l'exercice ; elles répriment les
atteintes qui y seraient portées ; elles accordent des réparations proportionnées aux
préjudices soufferts.

Mais, comme nous l'avons déjà dit, il
faut, pour les appliquer aux différens cas
qu'elles ont prévus, des corps de magistrats , des réunions d'hommes sages qui les
connaissent et les mettent en pratique avec
toute la maturité de la réflexion et toute
l'impartialité de la justice.

<h2 style="text-align:center">V.</h2>

*De l'application des lois, et de leur exé-
cution.*

Tout droit supposant un devoir corrélatif, lorsque ce devoir est rempli volontairement, le droit correspondant se trouve
exercé par là même : il ne peut y avoir lieu
en ce cas à aucune application des lois qui
maintiennent la propriété. Mais si l'on suppose au contraire ou la prétention à un droit
non fondé, ou le refus injuste d'exécuter
une obligation , c'est alors que la justice
publique doit intervenir pour décider le différent.

Une contestation judiciaire, quelle qu'elle soit, suppose en effet deux prétentions opposées, dont l'une est nécessairement contraire à la loi ou à l'équité naturelle, d'où découlent les lois positives.

La fonction du juge consiste à démêler cette injustice. Il entend les parties, prend connaissance du fait, et applique à la cause ou les dispositions écrites de la loi, ou les principes de l'équité. Des officiers publics font ensuite exécuter sa décision, et le procès est terminé.

Voilà une idée fort simple de l'administration de la justice ; mais il est aisé d'en sentir l'insuffisance, pour peu qu'on réfléchisse aux faiblesses et aux imperfections de la nature humaine. Un juge n'est en effet qu'un homme sujet à l'erreur et susceptible de préventions. La loi ne peut s'en remettre à lui pour déclarer arbitrairement que telle chose est la vérité ; elle lui trace des règles de certitude ; elle lui prescrit des délais et des formes propres à garantir tout à la fois la sagesse de son examen et la justice de sa décision ; elle le soumet à l'épreuve de la récusation ; elle donne aux citoyens des administrateurs ou des juges désignés, d'après certaines règles de compétence qui ont pour but de les rassurer contre la crainte des déplacemens éloignés, ou contre le danger des préventions locales ; elle environne les jugemens de formalités sagement combinées ; elle prolonge ou abrège, multiplie ou restreint ses précautions suivant la di-

versité des circonstances ; elle prévoit, elle
prévient ainsi , autant qu'il est en elle , les
abus, les excès, jusqu'aux moindres erreurs ;
et, comme si sa propre sagesse lui était suspecte, après avoir mis dans les formes qu'elle
prescrit la sollicitude et les soins de la prudence la plus attentive, elle fournit encore aux
citoyens divers moyens pour obtenir la réparation des griefs qu'une première décision
aurait pu leur causer.

. Ce n'est pas tout : il ne suffit pas d'avoir
pourvu à l'organisation des autorités ; d'a-
voir pourvu à l'application régulière des lois
et à la formation des jugemens ; d'avoir créé
pour cela, près de chacun des corps judiciaires, des officiers publics, dort les uns sur-
veillent l'observation des lois générales et
procurent l'exécution des jugemens au nom
du pouvoir suprême, dont les autres sont exclusivement chargés de l'emploi des formes
qui préparent ces jugemens ; il faut en outre que la loi prenne de nouvelles précautions pour ordonner, régulariser et assurer
l'exécution des décisions rendues, pour obliger les citoyens condamnés à s'y soumettre ,
par l'emploi de mesures de contrainte propres à vaincre la résistance ou l'inertie qu'ils
voudraient y opposer. Il faut que ces mesures soient entendues de manière à en écarter l'abus et l'arbitraire ; car c'est la loi seule,
et non l'homme, qui doit faire violence à
l'homme. Il faut encore, par un motif semblable, que certains officiers soient institués
pour les mettre immédiatement à exécution

suivant les formes particuliérement établies sur ce point et sous leur responsabilité.

Remarquons enfin que si, dans ce système de procédures et de formes diverses, la loi n'épargne rien pour faire régner partout la justice, elle doit par réciprocité le combiner avec une stricte économie, et le resserrer dans les bornes de la plus rigoureuse nécessité. Tout ce qui se ferait au-delà serait un luxe ruineux qui entraînerait pour les citoyens perte de temps et de frais : aussi reconnaît-on comme règle fondamentale, que l'utilité est la seule base des actions et des instructions judiciaires : *rien de frustratoire ne se fait en justice.*

VI.

Corollaire.

Voulons-nous maintenant résumer cette classification des différentes lois sur l'administration de la justice ; nous voyons qu'elles se composent de lois d'organisation, et de lois de procédure.

Lois d'organisation, qui ont pour but l'institution des pouvoirs publics et la distribution des offices.

Lois de procédure, qui concernent l'instruction des affaires à décider, la confection, la reddition et l'exécution des décisions judiciaires.

Mais quel que soit le degré d'importance

relative que présentent ces lois, nous savons qu'elles entrent comme partie essentielle dans la composition du système social, dont l'objet est d'assurer l'ordre public, de régler les relations mutuelles des citoyens, de les faire jouir sans trouble de tous leurs droits, de compléter en un mot et de sanctionner la loi naturelle qui leur sert à toutes de fondement, en faisant régner parmi les hommes la justice et l'humanité.

Il n'est pas jusqu'aux lois de procédure (lesquelles, sur-tout dans les matières civiles, semblent être placées au dernier rang par leur importance, et se prêter plus que toutes les autres à l'arbitraire de la législation) qui ne doivent aussi respirer cet esprit d'impartialité, de protection et de ménagement que la loi naturelle a consacré. Il faut que les armes soient égales dans la lice judiciaire : d'où l'on tire justement la conséquence, que la défense doit être protégée et favorisée devant les tribunaux, pour balancer l'avantage qu'a toujours un agresseur, qui a pu combiner son attaque, dresser ses piéges, tandis que son adversaire était lui-même dans l'impossibilité de préparer ses moyens contre une action qu'il ne prévoyait pas, etc. (1). Il faut ainsi que non-seulement l'intégrité, mais la générosité et l'honneur président à l'exercice des

____

(1) V. Pérèze, Cod. liv. 8, tit. 36, n. 9; Vinnius, instit. *de exceptionibus*, n. 3.

actions; il faut enfin que jamais le hasard
ou l'arbitraire ne puisse décider du sort
des citoyens : par où l'on voit que l'étude
des lois, que même celle de la procédure,
jusque dans ses plus minutieuses formalités, devient pour l'homme attentif un cours
de morale pratique, dont les principes sont
puisés dans la raison et dans la loi naturelle.

Les notions que nous avons exposées dans
ce discours ne sont effectivement point fondées sur des suppositions abstraites, sur des
raisonnemens forcés, sur des systèmes ar-
bitraires : elles dérivent naturellement, comme on l'a vu, des plus simples lumières du
bon sens.

Nous devons donc nous convaincre de
plus en plus que les principes de l'art social
tiennent à la nature de l'homme, et font
pour ainsi dire partie de son organisation
morale.

Cet esprit de société se perfectionne avec
le temps, aussi bien que toutes les autres facultés de l'intelligence humaine. Il suit de
siècle en siècle le progrès des lumières, et
il forme comme une sorte de contre-poids
qui balance la corruption des mœurs, effet
nécessaire et inévitable de la civilisation.

Ainsi, à mesure que la société vieillit,
l'homme s'amollit et se corrompt, ses pas-
sions s'aiguisent, sa cupidité s'accroît, le
devoir lui pèse, les lois le gênent, il secoue
tous les jougs, et met toute son adresse à
nuire.

Mais la société s'améliore dans une égale proportion. Les institutions s'épurent, les lois se raffinent elles-mêmes. Elles opposent aux subtilités de la fraude les subtilités de la raison, si l'on peut s'exprimer ainsi. Eh ! qui nous dira que la justice publique ne parvienne quelque jour à un assez haut degré de perfection, pour démêler toutes les ruses et déjouer toutes les manœuvres de la plus adroite perversité !

C'est en conséquence au perfectionnement des lois et de l'esprit de société, que doivent tendre tous les efforts de la sagesse humaine. Heureux, si les essais tentés à cet égard n'étaient pas trop souvent des prétextes de troubles et de révolutions pour les peuples !

Fin du Discours préliminaire.

TRAITÉS

ÉLÉMENTAIRES

DE LÉGISLATION

ET

DE PROCÉDURE.

LA procédure est civile ou criminelle, suivant qu'elle a pour objet l'application des lois civiles ou des lois criminelles.

Ces traités comprendront en conséquence, 1º la procédure civile; 2º la procédure criminelle.

Nous nous proposons de présenter sur l'un et l'autre sujet, d'abord des règles théoriques, ensuite un aperçu des formes positives que les lois ont établies.

PROCÉDURE CIVILE.

La procédure civile, comme nous l'avons déjà dit, est la manière d'agir ou de procéder, suivant les formes légales, devant ou hors les tribunaux, en matière civile.

Elle se divise en procédure *judiciaire*, et procédure *extrajudiciaire*. La procédure *judiciaire* comprend toutes les règles concernant l'exercice des actions en justice, la reddition des jugemens, la réformation, ou la rétractation, ou l'annullation de ces jugemens ; et enfin la mise à exécution des droits qui résultent soit des jugemens, soit des autres actes exécutoires.

La procédure *extrajudiciaire* s'entend des règles à suivre soit pour l'exercice de certains droits, soit pour l'accomplissement de certaines obligations, abstraction faite de toute contestation, décision, ou exécution.

Mais qu'entendons-nous par les mots *action, jugement?* quelles sont les distinctions et les règles fondamentales en matière d'actions et de jugemens ? quels sont les principes de la compétence attribuée aux divers corps et officiers de l'ordre judiciaire ? comment cet ordre judiciaire est-il organisé ? enfin quelles sont les formes de pratique établies par le code de la procédure civile ? Voilà ce que nous avons à exposer dans quatre traités, où nous examinerons, 1º les actions ; 2º les jugemens ; 3º l'organisation judiciaire et la compétence ; 4º les formes de procéder en matière civile.

PREMIER TRAITÉ.

Quatre titres forment la matière de ce traité. Nous parlerons, dans le premier, des actions et de leurs caractères; dans le second, de la division principale des actions; dans le troisième, des conditions nécessaires pour rendre les actions recevables en justice; et enfin, dans le quatrième, des exceptions et défenses.

TITRE PREMIER.

Des Actions, et de leurs caractères.

Ce titre est divisé en huit chapitres, dont le premier traite de l'action, et les sept autres des divers caractères qui distinguent les actions.

CHAPITRE PREMIER.

Définition de l'action.

1. Le mot *action* signifie en général l'exercice de la faculté d'agir, soit physiquement, soit moralement.

Dans l'ordre physique, cet exercice peut être volontaire ou involontaire, suivant que

le corps agissant est susceptible ou non
d'une force et d'une volonté qui lui soient
propres.

Dans l'ordre moral au contraire, qui suppose intelligence et libre arbitre, il est nécessairement volontaire. (1)

Ainsi, dans l'ordre moral, l'action est le
produit de la volonté et du pouvoir d'agir.

Or, 1° toute volonté renferme un but d'u-
tilité ou d'intérêt.

2° La raison n'approuve aucun intérêt,
aucune volonté, aucun pouvoir, qui ne soient
conformes à l'ordre, c'est-à-dire qui ne
soient établis ou consacrés par la loi de la
nature ou par les lois positives.

3° L'exercice de tout pouvoir quelconque
doit être lui-même conforme à l'ordre,

---

(1) De ce qu'en général l'action dans l'ordre moral
est volontaire, il ne s'ensuit pas qu'on ne puisse quelquefois être forcé d'agir : c'est lorsqu'on ne pourrait
s'en abstenir sans nuire à autrui. Par exemple, vous
auriez le droit d'intervenir dans une contestation liée
entre moi et un autre individu ; si j'ai intérêt à ce que
vous n'exerciez pas séparément le droit qui vous autorise à intervenir, je puis vous appeler dans la cause
et vous forcer à y figurer.

Voyez-en un autre exemple dans la fameuse loi
diffamari 5, cod. *de ingenuis manumissis*, et Godef.
sur cette loi, etc. Mais ces exemples et autres semblables ne forment pas même exception à notre règle ;
car si je puis forcer quelqu'un à figurer dans la cause,
ce ne peut jamais être comme acteur, s'il n'a pas la
volonté d'agir ; et si je puis le forcer à exercer son action ou à y renoncer, cette alternative que je lui laisse
nécessairement est encore subordonnée à sa volonté.

c'est-à-dire soumis par ces mêmes lois à des formes et à des règles certaines.

2. L'action, dans l'ordre moral, peut en conséquence se définir : *l'exercice volontaire et régulier de la faculté légitime ou du droit d'agir, pour parvenir à un but d'utilité raisonnable.*

Quand l'action réunit tous ces élémens, aucune volonté, aucune action contraire ne peut *justement* y faire obstacle. Si néanmoins ce cas arrive; dans cette lutte de deux volontés opposées, il faut qu'une volonté tierce, désintéressée, et supérieure, ait le pouvoir de ramener l'une ou l'autre à l'ordre, c'est-à-dire à la justice. C'est donc devant l'autorité créée pour rendre la justice, que les deux prétentions contradictoires doivent être présentées, débattues et jugées.

3. Nous voyons clairement, d'après cela, ce qu'on doit entendre par *l'action judiciaire* : c'est *l'exercice volontaire et régulier du droit d'agir par-devant l'autorité judiciaire, pour obtenir justice.*

4. On ne peut obtenir qu'en demandant; car se rendre justice à soi-même, c'est voie de fait et non de droit, voie arbitraire, conséquemment illicite. (1)

____

(1) La règle qu'on ne peut faire soi-même justice, souffre deux exceptions : 1° Il est permis de défendre sa vie ou ses biens, même ceux d'un autre, contre un injuste agresseur, mais en cas de nécessité seulement. *Omnis enim honesta est expediendæ salutis ratio.* Cic. V. L. 3, ff. *de justit. et jure.*

2° Il est non-seulement permis, mais ordonné à

On ne peut demander qu'en déduisant ses motifs, pour en conclure que la demande est juste. *Conclure, prendre des conclusions,* c'est *demander,* ou exercer le droit d'agir.

Ces mots, *action, demande, conclusions,* se prennent ainsi indistinctement l'un pour l'autre, et signifient également *le droit* d'agir ou l'*exercice* de ce droit en justice.

5. *Le droit* d'agir se confond encore avec le mot *créance.* Quoique ce mot, qui vient du latin *credere, (credere fidei alicujus,* se fier en la promesse de quelqu'un), désigne plus particulièrement l'action ou le droit résultant d'un engagement consensuel, on l'applique généralement à toutes espèces d'actions. On appelle en conséquence *créancier,* celui qui a un droit quelconque à exercer; et *débiteur,* celui qui est soumis à ce droit.

6. Quant à l'exercice du droit ou à la demande, celui qui la forme est appelé *demandeur,* en latin *actor;* celui contre qui elle est formée, est appelé *défendeur,* en latin, *reus,* du mot *res,* chose, parce qu'il défend la chose demandée, etc.

7. Les prétentions élevées par le défendeur contre le demandeur, sont aussi des *conclusions* prises, des *demandes* formées par lui, qui ayant pour objet de repousser l'action, prennent indistinctement dans la

---

toute personne, de saisir, même par force, le prévenu de crime ou délit pris sur le fait, etc. V. cod. crim., art. 106.

théorie le nom de *défenses* ou celui d'*exceptions*, c'est-à-dire d'*actions* répulsives. Mais dans la pratique on fait une différence entre les *exceptions de droit* ou tirées du fond du droit, qui sont appelées proprement *défenses;* et les *exceptions de pratique* ou non tirées du fond, qui ret'ennent le nom particulier d'*exceptions*. Nous parlerons des unes et des autres au titre 4 du présent traité.

Contentons-nous de remarquer ici que les exceptions de tout genre étant, comme nous venons de le dire, des *actions* dans le sens générique de ce mot, les règles ci-dessus s'y appliquent indistinctement. Mais souvenons-nous toujours que, suivant l'observation qui en a été faite dans le discours préliminaire, la justice veut que la défense soit protégée et favorisée, puisqu'elle est de droit naturel. I.. 9 et 125, ff. *de reg. jur.*

CHAPITRE II.

Caractères distinctifs des actions.

8. Suivant le droit romain, l'action est en général le droit de poursuivre en justice ce qui nous est dû.

Cette définition qu'adopte Justinien dans ses institutes, liv. 4, tit. 6, se rapporte à celle que nous avons donnée dans le chapitre précédent.

Elle embrasse toutes les espèces de droits

dont l'exercice appartient soit au public, soit aux individus; en sorte que le mot *action* s'applique aussi bien aux poursuites dirigées par le ministère public pour la répression des crimes, délits ou contraventions, qu'à celles qu'un citoyen peut avoir à exercer contre un autre, pour obtenir ce qui lui appartient, ou ce qui lui est dû.

9. Les Romains donnaient encore le nom d'*actions* à des formules ou formalités qu'on était originairement obligé de suivre, et qui étaient si rigoureuses que l'omission d'un seul mot dans la formule suffisait pour faire tomber l'action.

Ce système de rigueur avait fait introduire parmi eux une infinité de classes différentes d'actions, qui avaient chacune leurs principes et leurs formes particulières.

10. Notre jurisprudence française a toujours rejeté la sévérité ainsi que les subtilités des lois romaines. Nous suivons la maxime *summum jus, summa injuria*, maxime fondée sur la nature de l'homme qui est un être faible et imparfait, auquel rien d'absolu ne convient. En conséquence toutes les actions sont chez nous de bonne foi, c'est-à-dire que le juge peut suppléer par l'équité à ce qu'elles pourraient avoir de trop rigoureux, à moins qu'elles ne dérivent d'un texte précis de la loi, car *legibus judicandum*.

Mais cela n'empêche pas que nous ne reconnaissions aussi plusieurs espèces d'actions, distinguées par des règles et par des dénominations différentes. Quelques-unes même pourraient encore se désigner et se régler suivant les traditions du droit romain. Par exemple, dans le nombre des actions appelées prétoriennes chez les Romains, parce qu'elles avaient été introduites par les préteurs, pour suppléer au silence ou pour corriger la rigueur des lois civiles, on peut appliquer en partie à nos usages, 1° l'action paulienne ou révocatoire à laquelle correspond l'art. 1167 du code civil, et qui est donnée aux créanciers pour faire révoquer ou annuller en leur nom les actes faits par le débiteur en fraude de leurs droits; 2° l'action servienne mobilière ou droit de suite, pour revendiquer contre les tiers les objets placés dans la maison ou la ferme par le locataire ou fermier, et qui servent de gage au propriétaire. V. les art. 2102 du cod. civ., 819, 826 et suiv. du code de procédure civile; 3° l'action quasi-servienne ou hypothécaire, dont les effets sont réglés par les art. 2166 et suiv. du code civil, etc.

Nous distinguons de même les actions publique et privée; les actions personnelles, réelles et mixtes; les actions confessoire et négatoire; les actions ou interdits possessoires; les actions directes et contraires, directes et indirectes, temporaires ou perpétuelles, héréditaires ou non héréditaires.

11. Notre but n'est pas d'entrer dans le détail des règles concernant toutes ces différentes espèces d'actions, et qui appartiennent plus particulièrement à l'enseignement

du droit civil. Nous nous bornerons uniquement à les classer d'après leurs caractères
généraux, pour les faire reconnaître au
besoin.

Les caractères qui peuvent servir à classer
les actions, dérivent ou du genre d'intérêt
qu'elles concernent, ou de l'objet qu'elles
ont en vue de poursuivre, ou des circonstances dans lesquelles elles sont proposées,
ou de leur influence respective, ou de la différence de leur durée, ou enfin de leur plus
ou moins grande extension.

Déterminons en peu de mots tous ces divers caractères.

CHAPITRE III.

Caractères résultans de la différence d'in-térêt ou d'utilité.

12. Si l'action exercée a pour but l'intérêt
public de la société, c'est-à-dire la réparation d'un de ces torts que nous avons appelés publics (1), parce qu'ils compromettent
l'ordre, la paix et la sûreté générale; elle
est alors *action publique* ou *criminelle*.

Elle est au contraire purement *privée* ou
civile, quand elle n'a pour but que l'exercice d'un droit ou la réparation d'un tort
privé.

L'action criminelle ou publique ne peut
résulter que d'un texte précis de l'une des

______

(1) V. le discours préliminaire, n. 4.

lois de police et de sureté générale, autrement dites lois criminelles; car il n'y a de
torts publics en cette matière, que ceux
qui ont été déclarés tels et soumis à une
peine proprement dite par les lois de ce
genre; elle ne peut appartenir qu'à l'état,
ni être exercée que par les agens du gouvernement. (1)

L'action civile ou privée résulte ou de la
loi, ou de l'équité (2). Elle peut appartenir
à l'état contre un particulier, ou à un particulier contre l'état, ou à un particulier
contre un particulier.

Nous disons qu'elle peut appartenir à l'é-
tat ou contre l'état, sans cesser pour cela
d'être civile ou privée; car l'état, dans ses
relations avec les citoyens, n'est qu'une personne morale, dont les droits sont, en général et sauf quelques exceptions, réglés
par la loi civile, en tout ce qui est étranger à la police et à la sureté du corps social. (3)

CHAPITRE IV.

Caractères résultans de la différence d'objet.

13. L'action a-t-elle pour objet de demander l'exécution des engagemens pris envers
nous? Comme nous ne pouvons l'exercer

---

(1) V. les traités du droit criminel.
(2) V. art. 4 du code civil.
(3) V. le discours préliminaire, n. 3.

que contre la personne engagée ou contre ceux qui la représentent universellement, c'est la personne même qui en est l'objet direct; elle prend en conséquence le nom de *personnelle*. Les lois romaines l'appellent *condiction*, du mot *dicere vel denuntiare diem litis*, et de la préposition *cum* ou *simul*, parce qu'originairement les parties devaient convenir du jour où elles comparaîtraient. V. l. 25, ff. *de oblig. et act.*, et instit. *de actionib.*, §. 15.

A-t-elle au contraire pour objet de réclamer notre chose possédée par un autre, ou notre droit sur la chose d'autrui ? Ce n'est plus telle personne désignée, mais telle chose que nous poursuivons directement contre tout possesseur ou détenteur quel qu'il soit; elle est alors *réelle* par son objet direct. Les lois romaines l'appellent *revendication*, *rei vindicatio, id est liberatio de manu possessoris*. V. dd. ll. (1)

Ainsi, par l'action personnelle, nous demandons ce qui nous est dû, et par l'action réelle ce qui nous appartient.

14. Mais les actions personnelle et réelle

---

(1) Le mot *condiction* convient, comme on voit, à toutes espèces d'actions en justice : aussi s'appliquait-il originairement à toutes; mais chacune ayant ensuite pris un nom particulier, notamment l'action réelle s'étant appelée *revendication*, celui de *condiction* était resté à l'action personnelle. Au surplus, ces dénominations dont se servent quelquefois nos auteurs, ne sont d'aucune importance dans la pratique française.

se subdivisent encore respectivement par leur objet en plusieurs autres classes que nous ne ferons qu'indiquer dans les deux sections suivantes.

15. Plaçons pourtant ici deux observations générales :

1° Quand nous disons que la nature de l'action dépend de l'objet qui lui est propre, c'est de l'action principale seulement que nous entendons parler ; car si elle n'est qu'accessoire à une autre, elle suit la condition de celle-ci, d'après la maxime *accessorium sortitur principalis naturam*. Ainsi l'action hypothécaire est réelle immobilière par elle-même ; mais si elle adhère à une action personnelle ou bien à une action réelle mobilière, elle suit le sort de cette autre action, et passe, par exemple, avec elle à l'héritier des biens meubles, etc.

2° Il n'est pas toujours possible de déterminer la nature de l'objet de l'action : par exemple, si mon débiteur a le choix de me livrer ou tel immeuble, ou telle somme d'argent, la nature de cette action alternative que j'ai contre lui, dépend de son choix, et ne peut être déterminée mobilière ou immobilière qu'après qu'il aura fait l'option. Nous ne nous étendrons pas davantage sur ces principes qui, encore une fois, tiennent plus au droit civil qu'à la matière de ces traités. Nous verrons seulement à définir plus bas les différentes actions que nous venons de nommer.

SECTION PREMIÈRE.

Subdivisions de l'action personnelle.

16. L'action personnelle est dite *mobilière* ou *immobilière*, *corporelle* ou *incorporelle*, suivant que la chose, qui en est l'objet, est meuble ou immeuble, suivant que cette chose tombe ou ne tombe pas sous les sens.

On peut en outre la distinguer, quel que soit son objet, en *action directe*, et contraire; en *action directe*, et *indirecte*.

L'action *personnelle directe*, par opposition à l'action *personnelle contraire*, est celle qui sort directement, principalement de la nature même de la convention; en sorte que son objet est le premier que se soient proposé les contractans : au lieu que l'action *contraire* n'a qu'un objet secondaire et accidentel, qui ne tient point à la nature de l'obligation.

Il y a des contrats qui produisent l'action directe en faveur de l'une et de l'autre des parties : tels sont les contrats de vente, d'échange, de louage, de société, et tous ceux qui sont appelés en droit *synallagmatiques* ou *bilatéraux*, parce qu'ils sont directement obligatoires de part et d'autre.

Il y en a qui n'engageant par leur nature que l'un des contractans envers l'autre, raison pourquoi on les appelle *unilatéraux*, ne produisent qu'une seule action *directe*; en sorte que si par hasard il en résulte une autre action au profit de la personne obligée, cette action n'est plus *directe*, mais *contraire* : tels sont le prêt, le dépôt, le mandat, le gage, etc.

Deux seuls exemples pris de la vente et du dépôt, suffiront pour nous faire comprendre.

1° Vous m'avez vendu un objet soit mobilier, soit immobilier. J'ai une action *personnelle directe* contre vous, pour vous forcer à me le livrer : de votre côté, vous avez contre moi une action *personnelle directe* pour me forcer à en payer le prix. Les deux obligations réciproques, l'une de livrer la chose, l'autre d'en faire le payement, résultent en effet *directement* de la nature du contrat de vente.

2° Je me suis chargé d'un dépôt que vous m'avez confié. Je me suis engagé par là même à conserver et à rendre ce dépôt. Je me trouve donc seul obligé envers vous, par la nature du contrat; mais si, par événement, la conservation du dépôt m'a occasionné des frais ou des pertes personnelles, il n'est pas juste que je les supporte pour vous avoir rendu service : l'équité et la loi vous obligent de m'en indemniser. J'ai donc contre vous à cet effet une action personnelle, mais non *directe*, puisqu'elle ne naît pas du contrat de dépôt, et qu'elle est purement accidentelle : c'est ce qu'on appelle *action contraire*.

17. L'action *personnelle directe*, par opposition à l'action *personnelle indirecte*, est celle qui résulte ou pour ou contre nous

d'un droit ou d'un devoir qui nous est propre; l'action *personnelle indirecte* resulte au contraire ou pour ou contre nous, du droit ou du devoir d'autrui.

Ces actions sont donc ou droits actifs, ou droits passifs.

Droits actifs : Si j'exerce une action en vertu de l'engagement qui a été contracté envers moi *personnellement* et *directement*, mon action est évidemment alors *personnelle directe*, puisque mon utilité *personnelle* a été l'objet *direct* de l'obligation.

Si au contraire j'exerce en mon nom l'action personnelle de mon débiteur (1), ou celle de mon cédant (2), ou celle du créancier aux droits duquel j'ai été subrogé (3); cette action ne résultant point d'un engagement qui ait été contracté *directement* envers moi, est *personnelle indirecte*, puisque mon utilité personnelle n'a point été l'objet direct de cet engagement.

Droits passifs : Par exemple, quand j'ai souscrit en mon nom une obligation, ou que j'ai porté préjudice à quelqu'un par mon fait propre, je suis engagé directement

____

(1) Code civil, art. 1166.

(2) Ibid., art. 1690. *Nota :* Quoique généralement le créancier seul puisse demander l'exécution de l'engagement pris envers lui personnellement, on admet son cessionnaire à former cette demande en son nom personnel et non comme mandataire, car s'il est en ce cas *procurator*, il l'est *in rem suam.* V. I.L. 1 et 6, *de oblig. et act.*

(4) Code civil, art. 1250, 1251.

par cette obligation ou par ce fait, et l'on a contre moi l'action *personnelle directe*. Car je suis *personnellement* et passivement l'objet *direct* de l'action. (1)

Quand mon préposé, ou mon fils mineur, ou mon domestique, ou toute autre personne sous ma dépendance, a contracté un engagement, ou causé un préjudice dont la loi me rend responsable; je suis engagé *indirectement* par le fait d'autrui, et l'on a contre moi l'action *personnelle indirecte;* car ce n'est pas moi, c'est mon subordonné qui est *personnellement* l'objet *direct* de l'action (2). Mais ce qu'il faut observer, c'est qu'en ce dernier cas, l'action indirecte ne détruit ni ne remplace l'action directe, et que le créancier peut exercer ou l'une ou l'autre, ou toutes les deux ensemble.

____

(1) Code civil, art. 1134 et suiv.

(2) Code civil, art. 1384. *Nota:* L'action qui résulte contre nous *du fait* de nos subordonnés et de l'engagement de nos préposés, est bien réellement *personnelle indirecte.* Mais celle qui résulte de *l'engagement* de nos subordonnés, lorsque cet engagement a été contracté par notre ordre, ou qu'il a tourné à notre profit, est plutôt *directe* qu'*indirecte;* car, dans le premier cas, ils ont été nos mandataires, et dans le second ils sont censés l'avoir été : or *qui per alium fecit et contraxit, ipse fecisse et contraxisse videtur.* L. 1, ff. *de vi et vi arm.;* instit., *quod cum eo, etc.,* §. 8; L. 5, §. 3, ff. *de adm. et peric. tut.*

SECTION II.

Subdivisions de l'action réelle.

18. Comme on peut avoir à revendiquer par l'action réelle ou une universalité, ou une généralité de choses, ou une chose particulière, l'action est, suivant les cas, ou universelle, ou générale, ou spéciale. Ainsi l'action en pétition d'hérédité, ou en partage de succession, est une action *réelle universelle;* l'action en partage de société ou de communauté, est une action *réelle générale ;* l'action qui n'a qu'un seul objet certain, est une action *réelle spéciale.*

19. La chose revendiquée peut être corporelle ou incorporelle. Elle est corporelle, si elle tombe sous les sens; comme un cheval, une maison, etc., toutes choses naturellement susceptibles de parties : elle est incorporelle, si elle n'y tombe pas, comme une action, un droit, qui sont choses indivisibles de leur nature. L'action se qualifiant ainsi par son objet, est *corporelle* dans le premier cas, et *incorporelle* dans le second.

20. Corporelle ou incorporelle, l'action peut avoir pour objet un meuble ou un immeuble, et prend en conséquence le nom d'*action mobilière,* ou d'*action immobilière; actio quae tendit ad mobile, mo-*

bilis est; ad immobile, immobilis. D'Ar-
gentré. (1)

21. L'action réelle *immobilière* se divise
elle-même en *pétitoire* et *possessoire ; pétitoire* du mot *petere,* demander, si c'est
la propriété de l'immeuble qui est revendiquée; *possessoire,* si c'est seulement la
possession.

22. S'agit-il de la revendication d'une
chose incorporelle, comme d'un droit de
gage, ou de privilége sur un meuble; ou
d'un droit d'hypothèque, de servitude,
d'usufruit, d'usage, sur un immeuble ?
L'action, sans prendre aucune désignation,
autre que celle de la chose qui en fait l'objet, est qualifiée seulement *mobilière,* ou
immobilière , suivant la nature de cette
chose; et celle qui est qualifiée *immobilière,* se divise aussi en *pétitoire* ou *possessoire ,* suivant qu'elle tend à revendiquer
la propriété ou la possession , comme nous
venons de le dire au N° précédent.

23. Mais l'action *pétitoire incorporelle,*
qui a pour objet un droit de servitude,
d'usufruit, ou d'usage sur un immeuble,
prend une double dénomination, selon
qu'elle est exercée pour faire déclarer l'immeuble sujet, ou non sujet au droit.

Si l'on veut faire déclarer le fonds sujet

____

(1) Les meubles et les immeubles sont ou réels ou
fictifs, suivant les distinctions du droit civil auquel
il nous suffit de renvoyer. V. les art. 517, 527 du
code civil.

au droit, l'action s'appelle *confessoire*, du mot *confiteri*, avouer, reconnaître, parce qu'elle a pour but de faire condamner le défendeur à reconnaître le droit que nous prétendons avoir sur son héritage, et en conséquence à en souffrir l'usage, avec défense de nous troubler dans l'exercice do ce droit.

Si au contraire on intente l'action pour faire déclarer l'immeuble non sujet au droit, elle prend le nom de *négatoire*, parce qu'elle a pour objet de faire dénier, *denegare*, refuser à notre adversaire le droit dont il jouit sur notre héritage, et qu'il pretend lui appartenir.

Nous disons : *dont il jouit effectivement;* car s'il ne faisait qu'y prétendre par l'action confessoire, la dénégation que nous lui opposerions ne serait pas une action négatoire principale, mais une action répulsive, ou simple défense à son action confessoire.

Nous ajoutons : *et qu'il prétend lui appartenir;* car s'il n'en jouit que par voie de fait et par usurpation, l'action que nous avons contre lui n'a pour objet que de revendiquer la possession, elle n'est pas *pétitoire*, mais *possessoire* seulement, comme nous l'expliquerons ci - après, en traitant plus particulièrement de l'action réelle.

24. Observons la différence essentielle qui existe entre l'action *pétitoire corporelle*, et l'action *pétitoire incorporelle;* c'est que, dans la première, celui qui possède le

fonds ne peut être demandeur, au lieu que dans la seconde il peut l'être; en d'autres termes, l'action *pétitoire corporelle* s'exerce contre le possesseur, tandis que l'action *pétitoire incorporelle* peut être exercée par le possesseur. En effet, la première ayant pour objet de demander le relâchement de la possession, il est clair qu'on ne peut s'adresser pour cela qu'à celui qui peut relâcher cette possession, c'est-à-dire à celui qui l'a. Au contraire, l'objet de la seconde étant de faire déclarer ou que tel droit existe en faveur de notre fonds, ou que notre fonds n'est point sujet à tel droit prétendu, il s'ensuit que notre qualité de possesseur n'exclut pas notre action; car enfin qu'importe cette possession que nous avons de notre héritage, si nous ne sommes pas assurés ou qu'on nous laissera jouir du droit qui, selon nous, doit l'accompagner, ou qu'on ne la gênera point par un droit que nous prétendons ne pas devoir exister à notre préjudice? Nous avons donc un intérêt légitime à réclamer, donc une action à exercer, indépendamment de la possession dans laquelle nous sommes de notre fonds : nous pouvons donc agir, quoique possesseurs. (1)

----

(1) L. 6, §. 1, *si servit. vindic.*, et autres citées par Ferrière; instit., tom. 6, pag. 21 et suiv., édit. de 1773.

CHAPITRE V.

Caractères résultans des différences circonstancielles.

25. Quel que soit l'intérêt ou l'objet de l'action, elle peut prendre un caractère différent, suivant les différentes circonstances dans lesquelles elle est intentée.

SECTION PREMIÈRE.

Des demandes originaires et incidentes, principales et accessoires.

26. L'action est d'abord, suivant les circonstances, *originaire*, ou *incidente* : *originaire*, si elle donne naissance au procès, si elle l'ouvre, si elle en est l'*origine*; *incidente* (du mot *cadere*, tomber, et de la préposition *in*), si elle tombe, c'est-à-dire si elle survient dans le cours d'un procès déjà ouvert.

L'action est aussi ou *principale*, ou *accessoire* : elle est *principale*, lorsqu'elle tire son *principe* d'elle-même, c'est-à-dire lorsqu'elle ne se lie par aucun rapport de dépendance ou d'*accession* à aucune autre action précédemment intentée; elle est *accessoire*, lorsqu'elle a quelque rapport de dépendance ou de *connexité* avec une autre action déjà formée. (1)

____

(1) *Connexité*, mot composé de *nexus* lien, et de la préposition *cum* ensemble.

On voit par là que l'action ou demande *originaire* est évidemment et nécessairement *principale*, puisque, si une autre action la précédait, elle ne serait pas *originaire* ; mais qu'au contraire l'action *incidente* n'est pas nécessairement *accessoire*, puisqu'elle peut accéder ou ne pas accéder à l'action dans le cours de laquelle elle est formée. Ainsi l'action *incidente* peut être, suivant les circonstances, ou *principale*, ou *accessoire*, tandis que l'action *originaire* est toujours *principale*.

Par exemple, je vous ai intenté une action en payement d'une dette : voilà une action *originaire*, et conséquemment *principale*. Mais pendant le cours du procès je suis devenu l'héritier d'un autre individu qui vous devait à vous-même une somme également liquide et exigible ; vous concluez contre moi à ce qu'en ma qualité d'héritier de ce débiteur, je sois condamné à souffrir la compensation de cette dette qui est maintenant la mienne : il est clair que la seconde demande, quoiqu'*incidente* à la première, n'a aucun rapport avec celle-ci, puisque la cause et l'origine de l'une et de l'autre sont entièrement distinctes.

Supposons au contraire que mon action originaire ait eu pour objet le payement des arrérages d'une rente, ou des échus d'un bail. Si, avant qu'elle soit jugée, il vient à échoir un nouveau terme de payement, et que je vous en forme la demande, cette demande est évidemment *connexe* à l'autre, puisqu'elles ont toutes deux pour principe une seule et même obligation.

L'action, dans le premier cas, est donc *incidente et principale;* et, dans le second, elle est *incidente et accessoire.*

27. Ainsi l'action peut être *incidente,* sans être *accessoire.* Réciproquement elle peut être *accessoire* ou *connexe,* sans être *incidente;* car, quelque liaison ou rapport que puisse avoir une demande avec une autre, on conçoit bien la possibilité qu'elle soit formée séparément. Alors, malgré la *connexité,* elle est *principale,* puisqu'elle n'est pas intentée dans le cours d'une autre action, et conséquemment que c'est une demande *originaire.*

28. Il suit de ce que nous venons de dire, que l'action *originaire* réunit ces deux caractères invariables, d'être *principale,* et d'introduire l'*instance* (1), raison pourquoi on l'appelle encore dans la pratique : *principale introductive.* Au contraire, l'action *incidente* n'a qu'un seul caractère fixe, celui de ne pas ouvrir l'instance; du reste, nous voyons qu'elle est, suivant les cas, ou *principale* ou *accessoire :* raison pourquoi, quand elle est *principale,* on lui donne le nom de *principale non introductive.*

29. Ce qu'il faut remarquer à l'égard de cette action *principale non introductive,*

______

(1) On appelle *instance* (du mot *stare* et de la préposition *in*, *stare in judicio*, comparaître en justice) la contestation qui s'instruit devant le tribunal.

c'est qu'elle ne peut être proposée par celui qui a ouvert l'instance, mais seulement par le défendeur; car la règle générale est, comme nous le verrons, que les actions principales ne puissent être intentées que par un ajournement en forme, et devant les tribunaux ordinaires, qu'après la tentative préliminaire de la conciliation (1): or la loi ne déroge et ne peut déroger à cette règle fondamentale, qu'en faveur de la défense qui est de droit naturel.

Ainsi l'action *originaire*, ou *principale introductive d'instance*, est celle qui a été formée par un exploit d'ajournement (2); et l'action *principale non introductive*, ou *incidente principale*, est celle qui, n'ayant aucun rapport, aucune liaison avec la première, est exercée par le défendeur dans le cours de l'instance pour repousser, ou éteindre, ou atténuer la demande qui lui est intentée.

3o. Nous voyons par les notions qui précèdent, qu'un seul et même procès peut se charger, suivant les cas, de plusieurs. espèces d'actions différentes. D'abord il n'y en a point qui ne commence par une action *principale introductive;* celui qui la forme, prend le nom de *demandeur origi-*

____

(1) V. sur ces formalités la revue élémentaire du code de procédure civ., traité 4 ci-après.

(2) *Ajournement, ajourner,* dire le jour, indiquer le jour de la comparution. V. ibid.

naire · celui contre qui elle est formée, prend le nom de *défendeur originaire*.

Cette action étant engagée, il peut en survenir d'autres avant le jugement, soit de la part du demandeur, soit de la part du défendeur originaire : ce sont les actions *incidentes*. De la part du demandeur, elles sont nécessairement *accessoires;* de la part du défendeur, elles peuvent être ou *accessoires*, ou *principales*.

Si c'est le demandeur *originaire* qui forme une action *incidente*, les parties conservent respectivement leur qualité ; si c'est le défendeur', il devient demandeur dans cette action *incidente*, en sorte que les qualités des parties se compliquent. Elles sont, dans cette supposition, tout à la fois demanderesses et défenderesses, c'est-à-dire que le demandeur originaire devient incidemment défendeur, et le défendeur originaire incidemment demandeur, etc., etc.

31. Quand c'est le défendeur qui forme ainsi une action *incidente* pour repousser, éteindre, ou atténuer la demande *originaire*, cette action est encore appelée *réconventionnelle;* voici pourquoi.

En vertu de l'assignation ou ajournement que lui a fait signifier le demandeur, les parties comparaissent, viennent ensemble devant le juge, *conveniunt apud judicem.* Cette comparution est un fait qui les engage à recevoir jugement ; c'est un quasi-contrat, ou une *convention* tacite et présumée.

Lors donc que le défendeur oppose au demandeur une action ou demande *incidente*, il se forme entre les parties comme une *nouvelle convention* tacite ou présumée sur cette nouvelle demande, *rursùs conveniunt partes :* l'action incidente prend en conséquence le nom de *réconvention* ou *demande réconventionnelle;* et, comme nous l'avons dit, elle est ou *principale,* ou *incidente,* suivant qu'elle a ou qu'elle n'a pas un rapport de cause ou d'origine avec l'action dans le cours de laquelle elle intervient. Voyez sur la réconvention relativement à la prorogation de juridiction, le troisième traité ci-après, concernant la compétence.

SECTION II.

Des Actions, ou Demandes, ou Conclusions principales et subsidiaires.

32. Il peut arriver qu'une partie, en prenant ses conclusions sur ce qui fait l'objet du litige, prévoie le cas où elles ne seraient point admises, et que dans cette prévoyance elle propose d'autres conclusions secondaires qui serviront comme de secours et d'appui aux premières, *modo subsidii.* Ces conclusions, ou actions, ou demandes, sont en conséquence appelées *subsidiaires.*

Par exemple, j'ai conclu principalement à ce que vous fussiez condamné à me payer telle somme pour réparation de dégradations que vous avez faites, je suppose, dans ma maison, en construisant la vôtre. Mais comme je prévois que vous pourrez bien contester ou le fait des dégradations, ou la quotité des dommages-intérêts, j'ajoute à ma demande principale une autre demande par laquelle je conclus à ce que : *subsidiairement*, et où il ne plairait pas au tribunal le prononcer de la sorte quant à présent, en ce cas il soit dit que par experts convenus ou nommés d'office, il sera procédé à la reconnaissance et à l'évaluation du dommage, pour ensuite et à la vue de leur rapport qui sera déposé au greffe, être ordonné ce qu'il appartiendra.

On conçoit que, par leur nature, ces conclusions ou demandes *subsidiaires* peuvent accéder à toutes les espèces quelconques d'actions, en sorte que la demande dont elles sont l'accessoire, prend par rapport à elles le nom de *principale*.

Ainsi on reconnaît encore, d'après les circonstances, des actions ou conclusions *principales*, par opposition aux actions ou demandes *subsidiaires*.

CHAPITRE VI.

Caractères résultans de la différence d'influence.

33. Deux actions influent l'une sur l'autre, soit parce qu'elles se repoussent mutuellement, soit parce que l'une suspend l'autre, soit enfin parce que, bien qu'elles puissent

être jugées ensemble, l'une des deux doit toujours l'être en premier ordre.

Les actions qui se repoussent mutuellement, sont celles dont la nature est tellement incompatible, que l'exercice de l'une exclut et détruit l'autre; parce qu'en choisissant l'une, on est censé renoncer à l'autre : par exemple, la loi donne deux actions pour injures verbales, l'une civile devant le juge de paix, l'autre criminelle devant le juge de police cantonnale; celui qui a choisi l'une des deux ne peut plus exercer l'autre, attendu qu'une seule lui suffit pour obtenir réparation. Il en est de même dans tous les cas de police simple ou de police correctionnelle, où la loi laisse le choix à la partie lésée de se pourvoir par action originaire devant le tribunal civil ou devant le tribunal criminel. La raison en est que rien de frustratoire ne se fait en justice, et que quand la loi donne l'option entre deux voies, elle n'entend pas en donner deux, mais une seule (1). On peut appeler ces sortes d'actions *exclusives*.

Les actions qui ne font que se suspendre l'une l'autre, sont celles dont la nature n'est pas entièrement inconciliable, mais qui ne peuvent s'exercer que successivement, soit par-devant deux tribunaux différens, comme les actions *possessoire* et

______

(1) V. cod. crim., art. 3, 146, 182; loi, 24 août 1790, tit. 3, art. 10, etc., etc.

pétitoire, dont la première appartient au tribunal de paix, et la seconde au tribunal civil (1); soit par-devant le même tribunal, comme la question de compétence et la question du fond, etc., etc. L'action qui doit être jugée la première, prend en conséquence le nom de *préjudicielle* (du mot *judicium*, jugement, et de la préposition *prae*, jugement préalable); et comme cette première suspend l'autre, on peut l'appeler *préjudicielle suspensive*. (2)

Enfin les actions qui peuvent être jugées ensemble, mais l'une avant l'autre, sont celles dont la nature est analogue, à cela près que l'une sert de principe ou de préliminaire à l'autre : telle est, par exemple, la question qui s'élève sur l'état de l'une des parties dans un procès de succession, ou autre de ce genre (3); telles sont les exceptions *péremptoires d'instance*, autres que le déclinatoire, et les exceptions péremptoires d'action, qui peuvent se rencontrer dans quelque contestation que ce

____

(1) Sur ces actions, V. ci-après n. 52 et suiv., n. 57 et suiv.

(2) *Nota.* Par-devant les tribunaux de commerce, la question de compétence ne suspend pas celle du fond. V. cod. jud., art. 425. C'est une exception à la règle générale.

(3) *Nota.* Par-devant les tribunaux autres que le tribunal civil ordinaire, la question d'état incidente devient *préjudicielle suspensive*, vu que ce dernier tribunal est seul compétent pour connaître de l'état des personnes,

soit (3), etc., etc. Or, comme ces questions ou exceptions, ou autres analogues, doivent être jugées avant la question du fond, elles lui sont *préjudicielles;* et comme elles peuvent se trouver jointes au fond dans une seule et même décision, on peut les appeler, en ce cas, *préjudicielles non suspensives.*

Nous voyons sortir de là une nouvelle division des actions en *exclusives*, et en *préjudicielles*, lesquelles se subdivisent en *préjudicielles suspensives*, et *préjudicielles non suspensives.* Mais à quoi bon cette division? C'est ce qu'il faut expliquer en peu de mots.

Les droits que la loi nous accorde ou nous assure, seraient illusoires, si nous ne pouvions les exercer; aussi n'y a-t-il, généralement parlant, d'autre obstacle à cet exercice que la nécessité même des choses. Lors donc que plusieurs actions différentes appartiennent au même créancier contre le même débiteur, il est fort libre en général de les poursuivre toutes ensemble, pourvu que l'ordre des actions le permette, et que son intérêt l'exige. De même, lorsqu'un débiteur a quelque droit à faire valoir contre celui qui lui a intenté l'action, rien n'empêche qu'il ne le lui oppose pour repousser cette action, pardevant le tribunal qui en est saisi. Dans

---

(1) V sur ce qu'on entend par les exceptions dont nous parlons, le titre 4 ci-après.

ces différens cas, il y a *concours* de plu-sieurs actions qui se décident alors par un seul et même jugement. Mais certaines actions ne peuvent pas ainsi *concourir;* ce sont celles qui, soit par la nature des choses, soit par l'effet de la convention, soit par la force de la loi, sont entr'elles incompa-tibles : on tenterait vainement de les réunir, puisque leur *cumulation* résisterait à la raison ou à la règle.

Or les actions dont la *cumulation* est in-terdite, sont celles que nous venons de qualifier, savoir les *exclusives,* et les *pré-judicielles suspensives.* Le *concours* de tou-tes les autres est facultatif, sauf l'observa-tion des règles prescrites en général pour l'exercice des actions et l'ordre des juri-dictions : c'est ce qui fait dire que le *con-cours d'actions* est permis, et que la *cumu-lation d'actions* ne l'est pas. Ainsi, quoique ces mots *concours, cumulation,* signifient également *réunion, jonction;* quand on les applique aux actions, l'un s'entend d'une chose licite, et l'autre d'une chose qui ne l'est pas.

CHAPITRE VII.

Caractères résultans de la différence de durée.

34. Tout ce qui est humain a un terme. Ni les actions, ni les droits de tout genre qui appartiennent aux hommes, ne peuvent

durer éternellement. Ceux qui les ont, et qui négligent de les exercer, sont réputés avec raison les avoir abandonnés, après un certain laps de temps qui est déterminé par la loi; c'est ce qu'on appelle la prescription. (1)

35. La prescription des actions est plus ou moins longue, suivant leur nature, et suivant le degré d'intérêt qu'elles présentent : ou plutôt, on peut dire qu'en général les actions ne sont soumises qu'à la plus longue prescription que reconnaissent nos lois, celle de trente ans, sauf les exceptions que ces mêmes lois ont établies. (2)

36. Dans les premières subtilités du droit romain, on n'admettait pas la prescription relativement aux actions personnelles ou autres dérivant directement de la loi, et appelées en conséquence *civiles* par opposition aux actions *prétoriennes*, c'est-à-dire introduites par les préteurs : ce qui est de droit, disait-on, ne peut être détruit que par un droit contraire; or ce qui vient de la loi est de droit, et la prescription n'est qu'un fait.

On distinguait d'après cela deux classes d'actions, celles qui s'éteignaient et celles qui ne s'éteignaient point par la prescription : on appelait celles-ci *perpétuelles*, et les autres *temporaires*.

____

(1) Cod. civ., art. 2219.
(2) Ibid., art. 2262.

Quand on eut ensuite reconnu que toutes les lois quelconques donnent des droits, et que si la prescription est un fait, les effets que la loi y attache sont nécessairement aussi des droits, on rendit toutes les actions prescriptibles; mais on continua d'appeler *perpétuelles*, celles qui ne se prescrivaient que par trente ans au moins; et *temporaires*, celles qui s'éteignaient par un moindre espace de temps. (1)

37. Nous pouvons sans inconvénient admettre cette dernière distinction, et en donnant le nom de *perpétuelles* aux actions qui durent trente ans, appeler *temporaires* toutes les autres. Mais prenons garde de confondre les actions perpétuelles avec les actions imprescriptibles : cette imprescriptibilité étant un caractère particulier qui appartient à une certaine classe de droits déterminée par la loi civile, et qui n'a aucun rapport avec la division que nous venons de présenter. (2)

Toutes les actions prescriptibles sont donc parmi nous *perpétuelles*, c'est-à-dire qu'elles ont une durée de trente ans; à l'exception de celles auxquelles la loi a donné une durée moindre, et que nous appelons *temporaires*. Parmi celles-ci, les unes durent un an,

----

(1) V. les instit. de Justinien, liv. 4, tit. 12.

(2) Relativement à ces choses ou droits imprescriptibles soit par leur nature, soit par la volonté des lois, il nous suffit de renvoyer à Dunod, des prescriptions, part. 1, ch. 12; et au code civil, *passim*. V. notamment les art. 371, 545, 691, etc., etc.

comme l'action possessoire (1), ou comme l'action de simple police (2), etc. Quelques-unes ne durent que six mois, d'autres se prescrivent par deux ans, par trois, par cinq, par dix ou par vingt (3). Nous n'insisterons pas davantage sur cette division.

CHAPITRE VIII.

Caractères résultans de la différence d'extension.

38. Les actions ne peuvent s'étendre au-delà des bornes que la convention ou la loi leur a tracées. Cependant, 1° quand on stipule ou qu'on s'engage pour soi, on est censé le faire aussi pour ses héritiers. 2° Quand la loi nous donne des droits, elle est de même censée nous les donner transmissibles.

Mais il y a certains droits qui s'étendent aux héritiers *activement* et *passivement* tout ensemble ; d'autres qui ne s'étendent à eux qu'*activement*, ou *passivement* ; d'autres enfin qui ne leur passent ni *activement*, ni *passivement*.

De là vient la distinction des actions *héréditaires* et *non héréditaires*, dont les premières peuvent se subdiviser, d'après ce

---

(1) Art. 23, cod. de proc. civ.
(2) Art. 640, cod. d'instruct. crim.
(3) V. cod. civ., art. 2265 à 2270, et 2271 à 2279 ; cod. d'inst. crim., art. 635 à 641, etc., etc.

qui vient d'être dit, en actions *pleinement héréditaires,* et *non pleinement héréditaires.*

39. En général, les actions qui résultent des contrats, sont *pleinement héréditaires,* car elles passent aux héritiers de celui qui a stipulé, et contre les héritiers de la personne engagée.

Il en est autrement de celles qui naissent de la faute soit civile ou criminelle, attendu que la faute ne peut être imputée sans injustice à celui qui ne l'a pas commise : d'où il suit que l'action qui en provient, n'est pas *pleinement héréditaire* par sa nature, car elle ne l'est qu'*activement* seulement, et non *passivement,* puisqu'elle passe bien aux héritiers de la personne lésée, mais non point contre les héritiers du coupable.

Cependant il y a encore à cet égard plusieurs distinctions à faire : 1° Il se peut que le dol ait été employé par celui qui a contracté civilement, en sorte que le dol ne soit que l'accessoire de son engagement. Alors l'action *ex dolo* s'étend passivement contre ses héritiers, comme l'action *ex contractu,* suivant la règle : *accessorium sequitur naturam principalis.* (1)

2° Quand même l'engagement du défunt résulterait directement et principalement d'une fraude ou d'une infraction personnelle, à la bonne heure que l'action pénale

---

qui en provient ne passe point contre ses héritiers ; mais autre chose est de l'action civile en dommages-intérêts, laquelle affectant plutôt les biens que la personne, doit être à la charge des héritiers : cela est du moins conforme à l'équité qui est la base de notre droit français. (1)

3° Bien plus, l'action pénale pécuniaire, c'est-à-dire résultante de condamnation à l'amende ou à la confiscation, atteint encore les héritiers du délinquant, contre lequel cette condamnation a été prononcée. En effet, de ce jugement de condamnation est né un droit pour le fisc, que l'événement postérieur de la mort du condamné n'a pu éteindre. (2)

Ainsi, dans ces trois cas et autres semblables, l'action redeviendrait *pleinement héréditaire*.

Nous pouvons encore donner pour exemple d'une action *non pleinement héréditaire* l'action en nullité de mariage pour défaut de consentement, dans le cas de l'art. 182, cod. civ. Cette action s'étend bien *passivement* contre les héritiers des époux, mais ne passe point *activement* aux héritiers de celui à qui appartenait l'action. V. ibid. et 183, etc., etc.

Remarquons enfin qu'il y a des actions

____

(1) V. cod. d'inst. crim., art. 2, et les traités de droit crim.

(2) V. les traités de droit crim.

qui ne concernent les héritiers *ni activement,
ni passivement,* c'est-à-dire qui sont *pleinement non héréditaires :* ce sont, par exemple, celles en réparation d'injures personnelles faites au défunt ou par le défunt, qui n'ont été exercées ni par lui ni contre lui, de son vivant; car ces injures sont censées pardonnées et effacées par le silence, etc., etc. (1)

40. Mais pour nous rapprocher davantage des règles usitées dans nos pratiques françaises, hâtons-nous de revenir à la division la plus générale des actions qui se fait, dans notre droit comme dans le droit romain, en actions personnelles, actions réelles, et actions mixtes. Cette division embrasse effectivement toutes les différentes espèces d'actions.

―――――――――――――――――――――――――

(1) V. notamment cod. civ., art. 957.

TITRE II.

De la Division principale des actions, en personnelles, réelles, et mixtes.

41. Maintenant que nous négligeons toutes les divisions secondaires, pour ne nous attacher qu'à une seule, la plus générale de toutes; il s'agit moins de distinguer les actions par classes, que de les considérer en elles-mêmes : ou, pour mieux dire, il s'agit de déterminer, avec le plus d'exactitude possible, les caractères fondamentaux qui doivent servir à les qualifier ou *personnelles*, ou *réelles*, ou *mixtes*.

Nous disons, les *caractères fondamentaux;* car, si l'on veut connaître distinctement une chose, il faut rechercher ce qu'il y a en elle de primitif et d'essentiel, il faut l'examiner dans son objet direct, dans sa nature particulière, et dans les effets qu'elle produit.

Or, d'une part, il est extrêmement important de ne pas confondre les actions entr'elles, puisqu'elles sont soumises, suivant leur qualité personnelle, réelle, ou mixte, à des règles différentes, et même opposées. D'autre part, il est souvent très difficile de démêler leur véritable qualité, à raison des apparences douteuses qu'elles présentent. Cherchons donc à les définir avec une assez

grande précision, pour pouvoir les distinguer au besoin, et les ranger sans incertitude dans celle des trois classes principales
à laquelle elles doivent appartenir.

Nous diviserons ce titre en huit chapitres :
dans le premier, nous parlerons de l'action
personnelle, et dans le second, de l'action
réelle ; un troisième chapitre traitera de
l'action réelle pétitoire ; quatre autres se-
ront consacrés à l'action réelle possessoire :
et enfin le huitième chapitre aura pour
objet l'action mixte.

CHAPITRE PREMIER.

De l'Action personnelle.

42. L'action personnelle n'est rigoureusement appelée ainsi, que parce qu'elle est
effectivement telle dans son objet direct,
dans sa nature, et dans ses effets, comme
il est facile de nous en convaincre par la
plus simple analyse.

SECTION PREMIÈRE.

De l'Objet direct de l'action personnelle.

43. Toute action en justice est nécessairement dirigée par une personne contre
une autre personne, pour parvenir à un
but d'utilité réelle, c'est-à-dire pour obtenir
une chose quelconque.

Si l'on s'en tenait à cette première considération, on ne verrait pas de différence entre l'action personnelle et l'action réelle par rapport à leur objet. Car si l'action personnelle a pour objet la personne, elle a aussi pour but d'obtenir la chose promise; et si par l'action réelle on demande une chose, on ne le peut sans poursuivre une personne.

Mais dans ce double objet de l'une et l'autre action, il y en a un principal, et l'autre secondaire : or nous venons de dire tout à l'heure, que c'est seulement l'objet direct et primordial d'une action, qui peut servir à la caractériser.

Cela posé, qu'est-ce que l'*action person-nelle?* C'est celle qui s'exerce contre tel individu personnellement obligé à donner, ou à faire, ou à ne pas faire quelque chose, afin de le faire condamner à remplir son obligation, *jus ad rem obtinendam.*

Or il est clair que la personne en ce cas est l'objet primordial de l'action, et que la chose n'en est que l'objet ultérieur et secondaire. Car la chose demandée n'étant due qu'en vertu de l'obligation, le demandeur ne peut l'obtenir, si l'engagement n'existe pas ou ne doit pas recevoir d'exécution. Il faut donc qu'il fasse juger directement que le défendeur est engagé, et qu'il doit acquitter son engagement.

Quand nous disons que c'est telle personne désignée qui est l'objet direct de l'action personnelle, ce n'est pas à dire pour cela que d'autres qu'elle n'en puissent aussi être l'objet; mais ce sont seulement ceux qui la représentent à titre universel : en effet l'héritier succède, comme on sait, à tous les droits tant actifs que passifs du défunt, et il est tenu des engagemens de ce dernier, comme s'il les avait lui-même personnellement contractés. (1)

Concluons que l'*action personnelle* ayant pour objet direct et nécessaire de faire condamner la personne engagée, ou les siens, à donner ou à faire ce qu'elle doit personnellement à son créancier en vertu de l'obligation, cet *objet* est évidemment et essentiellement *personnel*.

44. Nous pourrions ajouter que s'il y a personnalité dans l'objet de l'action, il y a de même personnalité dans le droit do la poursuivre, vu que, généralement parlant, l'exécution de l'engagement ne peut être réclamée que par le créancier ou les siens, et en leur nom personnel. Cependant, s'ils ont cédé cette action, on admet le cessionnaire à l'exercer aussi, non-seulement en leur nom et dans son intérêt, comme *procurator in rem suam;* mais même personnellement et en son propre nom. (2)

____

(1) *Hœreditas personœ defuncti vice fungitur.* L. 116, §. 3, ff. *de legatis* 1°.

(2) Cela était également établi par le droit romain; V. les LL. 1 et 6, ff. *de oblig. et act.*

SECTION II.

De la Nature de l'action personnelle.

45. Pourquoi l'action personnelle a-t-elle pour objet primitif et direct d'obtenir l'exécution d'un engagement? La raison en est simple; c'est qu'elle n'existerait pas sans l'engagement personnel qui l'a produite.

Ce qui constitue donc la nature de l'action personnelle, c'est qu'elle dérive nécessairement d'une obligation.

Par le mot *obligation,* nous devons entendre tout engagement, tout devoir quelconque résultant : soit en matière civile, d'une convention positive, ou d'une quasi-convention (c'est-à-dire d'un fait personnel qui nous engage), ou même du fait des personnes qui sont sous notre dépendance ; soit en matière criminelle, d'une infraction proprement dite, ou d'une quasi-infraction, (c'est-à-dire d'un tort causé par imprudence ou négligence, sans intention coupable), ou même d'un tort causé par ceux de qui nous répondons : telles sont en effet les diverses causes d'où dérivent les obligations, et conséquemment les actions personnelles. (1)

Ainsi, comme en principe général tout droit suppose un devoir, et tout devoir un droit corrélatif, principe qui s'applique à

---

(1) V. L. 1, ff. *de oblig. et act.;* cod. civ., art. 1101 et suiv., 1134 et suiv., 1382 et suiv.

l'action personnelle comme à l'action réelle, et à toutes les espèces d'actions (1); ce qui caractérise ici la nature de l'action personnelle, c'est que le droit y naît du devoir : au lieu que c'est le contraire dans l'action réelle, comme nous le verrons au chapitre suivant.

Toujours est-il certain que le devoir étant nécessairement personnel, le droit qui en dérive directement est de même personnel par sa nature ou par son origine.

SECTION III.

Des Effets de l'action personnelle.

46. Les effets de l'action personnelle sont personnels, comme sa nature et son objet. Car, lorsqu'un individu a un engagement à remplir, cet engagement ne peut pas se concevoir séparément de sa personne; il n'y a que lui qui en doive l'execution, il n'y a que lui (ou les siens) à qui on puisse la demander.

Son obligation le suit donc par-tout, elle s'attache en quelque sorte à ses os, *inhaeret ossibus.* Dans quelque lieu qu'il transfère son domicile, là seulement on peut et l'on doit agir contre lui.

Ainsi, 1° la personne engagée ou ses ayans cause sont seuls légitimes contradicteurs

____

(1) V. le discours préliminaire.

dans l'action personnelle, c'est-à-dire qu'eux seuls, à l'exclusion de tous autres, ont pouvoir ou qualité pour y défendre.

2° On ne peut exercer contre eux cette action, que dans le lieu où ils sont domiciliés, et conséquemment par-devant les juges de ce domicile, qui seuls peuvent y avoir droit de juger, comme nous le verrons, c'est-à-dire qui en sont les juges naturels. *Actor sequitur forum rei.* (1)

Il n'y a donc que personnalité dans les effets de l'action personnelle par rapport au débiteur, soit qu'on s'attache à l'exécution de l'engagement, ou à la poursuite de cette exécution.

Il y a également personnalité dans ces effets par rapport au créancier, puisqu'en thèse générale, comme nous l'avons dit précédemment, lui seul peut être demandeur en son nom personnel dans cette espèce d'action. (2)

CHAPITRE II.

De l'Action réelle.

47. De même qu'il n'y a que personnalité d'objet, de nature, et d'effets, dans l'ac-

---

(1) L. ult. , cod. *ubi in rem actio exerc. deb.* Il y a quelques exceptions à cette règle *actor sequitur,* etc. V. inf. le traité de la compétence. V. aussi cod. jud., art. 420.

(2) V. sup. n. 44.

tion personnelle ; de même l'objet direct,
la nature, et les effets de l'action réelle,
sont essentiellement et absolument réels.

SECTION PREMIÈRE.

De l'Objet direct de l'action réelle.

48. Nous disons que cet objet est réel.
En effet l'action réelle est celle par laquelle
nous réclamons, non pas contre telle personne désignée, mais contre tout possesseur, ou contre tout détenteur, quel qu'il
soit, ou la propriété, ou la possession, ou
le libre usage que nous devons avoir, soit
d'une universalité de choses, soit d'une
chose particulière ; ou bien encore par laquelle nous réclamons l'exercice d'un droit
réel qui nous appartient sur la chose d'autrui.

Par où l'on voit que c'est toujours telle
universalité de choses, ou telle chose, demandée à titre de propriété, ou de possession, ou de droit réel, qui fait l'objet
principal et immédiat de cette espèce d'action.

A la vérité nous ne pouvons l'exercer,
sans nous attaquer à une personne ; mais
c'est si peu la personne qui est l'objet direct
de l'action, que, même après la poursuite
commencée, si elle cesse sans fraude d'avoir
la possession ou la détention de la chose
réclamée, elle cesse par là même d'être soumise à notre action, et que nous sommes

forcés de la diriger contre le nouveau possesseur ou détenteur entre les mains duquel
se trouve la chose. C'est donc cette chose
elle seule que nous poursuivons directement,
en vertu du droit que nous y avons, *jus
in re;* c'est elle seule qui, en d'autres termes,
forme l'objet direct de notre poursuite : cet
objet est donc réel.

SECTION II.

De la Nature de l'action réelle.

49. De ce que l'objet de cette action est
réel, concluons-en qu'il y a aussi réalité
dans sa nature. Car d'où dérive l'action
réelle ? Ce n'est d'aucun engagement personnel à celui que nous attaquons, mais
d'un droit que nous avons sur la chose réclamée, indépendamment de toute obligation de sa part, *jus in re.*

Loin que notre droit résulte d'une obligation à lui imposée, c'est au contraire ce
droit qui est le principe de son obligation.
Quel est en effet le raisonnement sur lequel
se fonde l'action réelle ? Je prétends avoir
tel droit sur telle chose : donc le possesseur
ou le détenteur de cette chose doit me laisser
jouir de ce droit. Je ne dis pas : il est obligé
envers moi, donc j'ai droit ; je dis au contraire : j'ai droit, donc il est obligé envers
moi.

Ainsi, à la différence de l'action personnelle dans laquelle le droit naît, comme

6

nous l'avons vu, du devoir ou de l'obligation ; c'est ici le devoir ou l'obligation qui naît du droit, et qui en est la conséquence. Or ce droit est réel, puisqu'il a un objet réel ; donc le principe ou la nature de l'action est essentiellement et absolument réel.

SECTION III.

Des Effets de l'action réelle.

50. Puisque par l'action réelle nous poursuivons la chose elle-même, en vertu du droit que nous y prétendons, il est clair que les effets de cette action sont de même absolument réels. Car enfin, pour attaquer la chose qui en est l'objet, il faut que nous l'allions chercher où elle est ; et pour pouvoir obtenir sur cette chose le droit que nous y prétendons, il faut de toute nécessité que nous nous adressions à celui qui, la possédant ou la détenant, peut seul nous la relâcher, ou nous en faire jouir.

Ce n'est donc plus la personne dans son domicile, mais la chose dans le lieu de sa situation que nous avons à poursuivre ; ce n'est plus telle personne, mais tout possesseur ou détenteur quelconque.

Ainsi 1° le possesseur, et en certains cas le détenteur, sont seuls contradicteurs légitimes dans la poursuite de l'action réelle (1) ;

____

(1) Il y a exception pour le cas de l'action péti-

ou plutôt on peut dire, à la rigueur, que la chose elle-même joue le rôle de légitime contradicteur, puisque c'est la seule possession ou détention de cette chose qui donne qualité pour la défendre.

2° On ne peut exercer l'action réelle que par-devant le tribunal du lieu où la chose est située.

Observons néanmoins, sur cette seconde règle, que si la chose qui fait l'objet de l'action réelle est mobilière, l'action ne peut s'exercer que par-devant le juge du domicile du défendeur.

En effet les meubles ne sont appelés ainsi, que parce qu'ils sont mobiles, et qu'ils passent de main en main; de sorte qu'en général ils n'ont pas de situation fixe. Aussi voyons-nous que lors même qu'ils sont devenus immeubles fictifs par leur adhésion à un immeuble (1), et qu'ils ont été hypothéqués avec cet immeuble; s'ils viennent ensuite à en être détachés par quelque événement que ce soit, l'hypothèque cesse de les suivre, parce qu'ils perdent leur qualité immobilière : tel est le sens de l'art. 2119

______

toire *incorporelle.* V. sup. n. 24. Mais l'exception confirme la règle dans tous les cas non exceptés; et d'ailleurs c'est toujours le possesseur ou détenteur de *l'immeuble servant* (dans l'action confessoire), ou de *l'immeuble dominant* (dans l'action négatoire), qui est seul contradicteur légitime : ce qui fait rentrer l'exception dans la règle générale.

(1) V. les art. 522 et suiv. du cod. civ.

du code civil, qui porte que *les meubles n'ont pas de suite par hypothèque.*

On ne peut donc, généralement parlant, exercer l'action réelle mobilière devant le juge de la situation ; c'est donc le juge du domicile du défendeur qui est seul compétent pour en connaître.

Au surplus, ce juge du domicile du défendeur est, à vrai dire, celui de la situation de la chose ; car attaquer cette chose dans le domicile de celui qui la détient, c'est véritablement l'attaquer où elle est.

Il est possible cependant qu'une chose mobilière ait acquis une situation fixe : par exemple, si elle est inhérente à un immeuble, ou si elle a été placée dans un dépôt public, ou si elle est sous la garde d'un séquestre judiciaire, etc. ; en ces différens cas, et jusqu'à ce qu'elle perde sa situation, la chose mobilière est poursuivie devant le juge de cette situation. L'art. 608 du code de procédure nous en offre un exemple. (1)

En résumé, les effets de l'action réelle étant de poursuivre la chose elle-même, dans le lieu où elle est située, par-devant le juge de ce lieu, et d'obtenir la jouissance du droit qu'on a sur cette chose, ne présentent conséquemment, sous tous les rapports, que réalité pure et absolue.

----

(1) Quant à la revendication mobilière, on peut voir l'art. 2102 4° du code civil, et les art. 576 et suiv. du code de commerce.

§.

51. Nous avons parlé des subdivisions de l'action réelle. (1)

Nous avons dit que s'appliquant aux choses corporelles, cette action est, suivant son objet, mobilière ou immobilière ; que s'appliquant aux droits incorporels, elle se distingue en confessoire et négatoire ; que la revendication immobilière se divise elle-même en action pétitoire et action possessoire.

La première de ces trois subdivisions, en revendication mobilière ou immobilière, ne présente d'autre difficulté que celle d'en déterminer précisément l'objet : ce qui rentre dans les principes du droit civil, que nous n'avons point à expliquer.

La seconde n'exige de même aucunes autres explications que celles que nous avons données à l'endroit cité, si ce n'est une seule concernant l'action négatoire, qui trouvera sa place au titre suivant, ch. 1, n. 141.

Quant à la troisième division de l'action réelle en pétitoire et possessoire, l'une ayant pour objet la revendication de la propriété, et l'autre la revendication de la possession d'un immeuble ; elle mérite par son importance toute pratique, que nous nous y arrêtions dans les deux chapitres qui suivent, pour faire connaître l'objet, la nature et les effets différens de chacune de ces espèces d'actions.

____

(1) V. sup. tit. 1, chap. 2, sect. 2, §. 2.

CHAPITRE III.

De l'Action pétitoire.

52. Nous avons vu au chap. 2 du tit. 1er, sect. 2, §. 2, que l'*action pétitoire* est la revendication de la propriété d'un immeuble.

Si nous nous rappelons ce qui a été dit dans le chapitre précédent, nous pouvons nous faire une idée nette de la nature, de l'objet de cette espèce d'action, et des effets qui en dérivent.

C'est la *revendication de la propriété :* donc elle prend sa source et son principe dans le droit de propriété que nous prétendons avoir sur l'immeuble.

C'est la *revendication d'un immeuble :* donc c'est tel immeuble désigné qui en est l'objet direct.

C'est cet immeuble que nous attaquons : donc nous ne pouvons agir que devant le tribunal de sa situation, et contre la personne qui a qualité pour le défendre. (1)

Quel est, au surplus, le but d'utilité réelle que nous nous proposons en exerçant l'action ? C'est évidemment de faire condamner le défendeur à reconnaître notre droit de

---

(1) Le tribunal civil d'arrondissement est seul compétent pour connaître de l'action pétitoire, attendu qu'elle a trait à la propriété. V. le traité de l'organisation judiciaire et de la compétence, ainsi que la revue analytique du code de procédure civile.

propriété, et en conséquence à nous relâcher la possession de l'immeuble revendiqué; cette demande en relâchement est en
effet la conséquence nécessaire de notre droit
de propriété, qui serait illusoire pour nous
sans la possession.

Il suit de là deux conséquences, savoir :

1º Que l'action pétitoire n'est recevable
que de la part de celui qui se prétend propriétaire de l'immeuble revendiqué, et qui
ne le possède ni par lui-même, ni par autrui.

2º Qu'elle n'est réciproquement recevable
que contre celui qui est en possession de
l'immeuble, et qui conteste le droit de propriété prétendu par le demandeur, comme
lui appartenant à lui-même.

D'abord il faut que le demandeur se prétende propriétaire; autrement il ne pourrait
exercer une action qui a pour unique base
le droit de propriété : il faut en outre qu'il
n'ait pas la possession de l'objet; autrement
son action en relâchement de la possession
serait dérisoire.

D'autre part, il faut que le défendeur ait
lui-même cette possession; car on ne peut
relâcher ce qu'on n'a pas : il faut qu'il conteste la propriété du demandeur; car, s'il la
reconnaissait volontairement, on n'aurait
pas besoin de le faire condamner à la reconnaître : il faut de plus qu'il ait qualité pour
la contester, c'est-à-dire qu'il y prétende
pour lui-même; car, s'il ne prétend pas
à cette propriété, elle appartient donc de

son aveu ou au demandeur, ou à un tiers ; or, dans la première supposition, sa défense est contradictoire avec cet aveu implicitement fait au profit de son adversaire; et dans la seconde, elle est sans base, à défaut d'un intérêt qui lui soit propre. (1)

En un mot, il n'y a de *légitime demandeur* dans l'action pétitoire, que le propriétaire ou celui qui se prétend tel; et de *légitime contradicteur*, que le possesseur véritable, c'est-à-dire celui qui a la possession civile à titre de maître, *animo domini :* tel est en effet le caractère nécessaire de la possession réclamée dans cette espèce d'action.

53. Cependant il ne suffit pas au demandeur de réunir les conditions nécessaires pour rendre son action recevable; il doit encore, pour la faire réussir, en établir au fond la légitimité. (2)

Il doit en conséquence prouver et son droit de propriété, et le fait de la possession du défendeur.

Mais est-il obligé de prouver que cette possession du défendeur est civile, c'est-à-dire caractérisée à titre de maître? Non; car de ce que le défendeur possède en fait l'immeuble revendiqué, et de ce qu'il conteste la propriété prétendue par le demandeur, il est naturel de le présumer véritable

---

(1) V. §. 1, instit., *de actionib.*, et sup. notre définition de l'action dans l'ordre moral.

(2) V. §. 4, instit., *de interd.* V. aussi sup. tit. 1, chap. 1.

possesseur (1). Cette présomption équivaut à une preuve, jusqu'à ce que le contraire soit vérifié. Si donc le defendeur prétend n'avoir qu'une possession empruntée, et non une véritable possession, la preuve de cette exception est à sa charge : à moins qu'avant toute contestation de sa part, il n'ait annoncé au demandeur le vice de sa possession, et qu'il ne lui ait dénoncé le propriétaire ou véritable possesseur au nom duquel il possède lui-même ; car alors le demandeur doit s'adresser à ce dernier. (2)

54. On conçoit qu'en général, pour autoriser l'action du demandeur, il faut une possession actuelle de la part du défendeur; car comment demander à celui-ci le relâchement d'une possession qu'il n'aurait plus? Cependant il faut excepter le cas où le défendeur aurait cessé par dol de posséder l'immeuble. Les lois romaines donnent en ce cas l'action en revendication, non directe mais utile, pour faire condamner le défendeur à restituer l'estimation de l'objet dont il s'est dessaisi par fraude. En effet, nul ne peut se prévaloir de sa fraude pour éviter une action juste : *nemini fraus sua patrocinari debet.* Mais cette action utile qui aurait également lieu chez nous sous le nom d'action en dommages et intérêts, ne serait accordée comme de raison au demandeur,

____

(1) V. L. 25 et seqq. ff. *de rei vindic.*
(2) V. L. 9, ff. *eqd.*, et art. 1727 du code civil.

qu'autant qu'il lui serait devenu impossible d'obtenir le relâchement effectif de l'immeuble contre le détenteur ou possesseur réel, ou pour mieux dire elle ne lui serait accordée que jusqu'à concurrence du tort que lui aurait causé le dessaisissement frauduleux qui donnerait ouverture à cette action. (1)

55. D'après tout ce qui vient d'être dit, nous pouvons développer notre définition de *l'action pétitoire*, ainsi qu'il suit :

C'est l'action par laquelle nous demandons au tribunal que notre propriété sur un ou plusieurs immeubles désignés, et situés dans son arrondissement, soit reconnue; et qu'en conséquence le défendeur soit condamné à nous en relâcher la possession véritable ou civile.

56. On voit que cette définition convient seulement à l'action pétitoire corporelle; celle qui a pour objet un droit incorporel, et que nous avons appelée confessoire ou négatoire, présentant en effet quelques règles différentes que nous avons déjà exposées, et auxquelles il nous suffit de renvoyer. (2)

Il faut encore observer que notre définition ne s'applique pas entièrement à l'action en pétition d'hérédité immobilière, vu que le demandeur n'a point à prouver

____

(1) V. L. ult. ff. *de rei vindic.*, et les LL. 131, 134, 150, 157 *de reg. jur.*
(2) V. sup. n. 23 et 24.

dans cette action qu'il soit propriétaire des immeubles de la succession, mais seulement en fait que ces immeubles étaient dans la possession civile du défunt à l'epoque de sa mort, et qu'il est l'héritier de ce défunt.

En conséquence, et pour plus grande précision, nous pouvons distinguer l'action pétitoire en pétitoire proprement dite, qui est celle dont nous avons parlé dans ce chapitre; et pétitoire improprement dite, qui comprend, 1°. la revendication immobilière incorporelle ou action immobilière confessoire ou négatoire; 2° la revendication immobilière à titre universel, ou action en pétition d'hérédité immobilière.

CHAPITRE IV.

De l'Action possessoire.

57. L'*action possessoire* est celle par laquelle nous revendiquons la possession d'un immeuble, ou d'un droit incorporel immobilier.

C'est une action réelle immobilière.

Elle n'a effectivement pas lieu en fait de meubles. Car, comme par rapport aux meubles, la possession équivaut à la propriété, suivant la règle établie par l'art. 2279 du code civil, il est clair que la propriété et la possession en cette matière ne sont point séparables : d'où il suit qu'on ne peut revendiquer la possession des meubles sans en revendiquer la propriété, ce qui est le cas de la revendication mobilière, laquelle s'exerce, comme l'action personnelle, devant le tribunal du domicile du défendeur. (1)

Il y a pourtant deux cas où la possession des meubles peut être revendiquée séparément par l'action possessoire : c'est, 1° s'il s'agit de meubles qui ayent la qualité d'immeubles fictifs soit par leur destination ou par leur application; car alors, et tant qu'ils conservent cette qualité, ils sont susceptibles d'une possession véritable. (2) C'est en second lieu s'il s'agit d'une universalité de meubles possédée à titre de succession. Dans ce cas, en effet, l'universalité de meubles a quelque chose d'immobilier et de fixe qui résulte du droit d'héritier : *sapit quid immobile.* L'héritier universel du mobilier à qui l'on dispute cette qualité, est moins troublé dans la possession des objets de la succession, qu'il ne l'est dans son titre même qui est devenu fixe et irrévocable du moment qu'il s'est ouvert. Ainsi, pour que l'héritier puisse agir

______

(1) V. sup. n. 50. *Nota :* Cette règle de l'article 2279 du code dérive d'une autre règle qui est : que les meubles qui par leur nature passent de main en main, sans avoir jamais une assiette fixe, ne sont pas susceptibles d'une véritable possession : *mobilium vilis est possessio.* Aussi ceux qui ont des droits réels sur les meubles n'ont-ils que cette même revendication contre les tiers détenteurs des meubles soumis à leurs droits. V. les art. 2098, 2101 et 2102 du cod. civ., et le tit. de la saisie-revendication dans le code de procédure civile, etc., etc.

(2) V. cod. civ., art. 517.

au possessoire, il faut que la succession elle-même lui soit disputée, et non pas seulement les meubles qui la composent; car, dans cette dernière supposition, il n'aurait que l'action en revendication, comme il a été dit plus haut. (1)

58. Dans le droit romain, l'action possessoire est connue sous le nom d'interdit (*interdictum*, du mot composé *dictum* et *interìm*), *interìm dictum à praetore de possessione, donec de proprietate dicatur;* c'est-à-dire jugement préjudiciellement rendu sur la possession, en attendant qu'il soit prononcé sur le droit de propriété. (2)

59. On distingue, d'après ce même droit, trois espèces d'interdits possessoires : le premier qui a pour objet d'obtenir la possession, *interdictum adipiscendae;* le second par lequel on demande à retenir la libre possession, *interdictum retinendae;* et le troisième qui tend à recouvrer la possession dont on a été dépouillé, *interdictum recuperandae possessionis causd.*

Ces trois interdits étaient de même connus en France sous les noms d'action en *provision* ou *recréance*, d'action en *complainte*, et d'action en *réintégrande;* mais il n'y a jamais eu que les deux derniers qui se

---

(1) V. Rodier et les autres commentateurs de l'ordonnance de 1667, tit. 18, artic. 1 ; le répert. de Merlin, au mot complainte, §. 2 ; et Mr Henrion, de la comp. des juges de paix, 1re éd., p. 396., etc.

(2) L. 3, C. *de interdictis.*

soient rapportés parmi nous avec les principes du droit romain.

1° L'action en *provision* ou *recréance* (*interdictum adipiscendae possessionis*), avait lieu chez nous dans le cas où les parties plaidant au pétitoire, l'une des deux concluait à ce que l'autre fût provisoirement condamnée à lui relâcher la possession de l'objet litigieux, en attendant le jugement sur l'action pétitoire; et cette provision ou possession provisoire était adjugée sous caution à celle des deux qui avait les titres de propriété les plus apparens, elle lui était confiée, *credita*, ou confiée de nouveau, *recredita* (du verbe *credere*, *recredere*), d'où on avait fait le mot *recréance*.

Mais il est permis de douter qu'elle puisse être admise aujourd'hui, nos lois nouvelles ayant déféré, comme nous le verrons par la suite, la connaissance exclusive du *pétitoire* aux tribunaux civils, et du *possessoire* aux tribunaux de paix : tout au plus peut-elle avoir lieu dans l'instance sur le possessoire devant le juge de paix, comme incidente et accessoire.

En tous cas, la possession obtenue par cette action diffère de celle qui fait l'objet des actions en complainte ou en réintégrande; elle n'est qu'une sorte de dépôt ou séquestre, et ne fait pas présumer de droit la propriété dans celui qui l'obtient. (1)

____

(1) V. cod. civ., art. 1961 et suiv. V. aussi cod. de proc. civ., art. 17.

2.º L'action en *complainte* est celle par laquelle *on se plaint* au juge d'avoir été troublé par le défendeur dans sa possession, et par laquelle on demande en conséquence à retenir librement et paisiblement cette possession, comme on l'avait avant le trouble; *(interdictum uti possidetis, retinendae possessionis causâ introductum.)*

3.º Enfin, par l'action en *réintégrande*, on demande à être *réintégré*, rétabli entièrement dans la possession dont on a été dépouillé par le défendeur, à recouvrer pleinement cette possession; *(interdictum undè vi, id est, interdictum recuperandae possessionis undè vi ab adversario dejecti sumus.)*

60. Ces deux dernières actions ne sont ainsi que les deux branches ou divisions de *l'interdit,* ou *action possessoire;* et elles se régissent, sauf les distinctions qui résultent de la différence de leur objet, par les principes généraux que nous développerons tout à l'heure.

Nous disons que ce qui les distingue, c'est la différence de leur objet; mais cette différence est telle, qu'elle ne permet pas de les confondre, et il est d'autant plus important de s'y arrêter, qu'elle en produit d'autres très notables dans la nature et dans l'exercice des deux actions; voici quelles sont ces différences :

1.º L'une ayant pour objet de se faire maintenir dans la jouissance paisible de la possession qu'on a; et l'autre, de recouvrer

la possession qu'on a perdue : il s'ensuît
d'abord que le même demandeur ne peut
les exercer ensemble contre le même défendeur, c'est-à-dire qu'elles sont nécessairement *exclusives* l'une de l'autre.

2º Une seconde conséquence est que, si
le demandeur exerce l'une, et le défendeur
l'autre par voie de réconvention, la réintégrande devient, par sa nature, *préjudicielle
suspensive ;* car, de deux réparations deman-
dées respectivement par les parties, celle
qui a pour cause le tort le plus grave, la
voie de fait la plus répréhensible, est nécessairement la plus pressante, non-seulement
dans l'intérêt de celui qui a souffert la spoliation, mais encore dans l'intérêt de l'ordre
public que cette spoliation a troublé : or il
y a plus de gravité dans la violence qui dé-
pouille, que dans le trouble qui ne fait qu'inquiéter le possesseur. Aussi dit-on qu'avant
tout, le dépouillé doit être remis en possession : *spoliatus ante omnia restituendus.* (1)

3º De ce que la spoliation est un fait grave
qui ne blesse guères moins l'ordre public
que l'intérêt particulier, il suit pour tr -i-
sième différence que la *réintégrande* p ut
être exercée par voie civile ou par voie criminelle, au choix du demandeur : au lieu
que la *complainte* est par elle-même, et

---

(1) V. L. 5, §. 1, ff. *ad leg. Jul. de vi publicâ.*

Indépendamment des circonstances, une action purement civile. (1)

4° Il y a une quatrième différence à observer par rapport au demandeur qui a succombé dans l'une ou l'autre action.

Le demandeur qui a succombé dans son action en *complainte*, ne peut plus agir en *réintégrande* pour le même fait; car en se plaignant d'un trouble éprouvé dans sa possession, il a reconnu par là même qu'il avait cette possession, et le jugement qui a rejeté sa demande, a implicitement déclaré, ou qu'il était resté paisible possesseur, ou qu'il n'avait pu être troublé, à défaut de possession : or il n'est pas recevable à revenir contre sa propre reconnaissance, encore moins contre la chose jugée. (2)

Au contraire, le demandeur qui a été condamné sur sa *réintégrande*, peut encore exercer la *complainte*; vu qu'en décidant qu'il n'avait pas été dépouillé de sa possession, le tribunal a bien jugé qu'il était resté possesseur, mais non pas que sa possession n'eût pas été troublée.

Si pourtant le tribunal avait rejeté sa *ré-*

---

(1) Quand la réintégrande ne serait demandée que par voie civile, si elle est ordonnée, elle emporte la contrainte par corps contre le spoliateur : ce qui constitue encore une autre différence entre cette action et l'action en complainte, différence qui résulte également de la nature différente de l'une et de l'autre, V. c. civ., art. 2060, §. 2.

(2) Code civil, art. 1351, 1352.

intégrande, par le motif qu'il n'avait point de possession ; alors il est clair que cette décision rendrait ensuite sa *complainte* non-recevable : car celui qui n'a pas eu la possession, ne peut pas plus y avoir été troublé, qu'en avoir été dépouillé. (1)

61. Cette distinction ne s'applique point, selon nous, au défendeur, quoi qu'en disent les auteurs qui ont écrit sur la matière (2). Soit en effet que le défendeur ait été condamné dans l'action en complainte, ou dans l'action en réintégrande, il ne peut évidemment plus agir qu'au pétitoire, et non au possessoire ; puisqu'il a été jugé contre lui, indistinctement dans les deux cas, ou qu'il avait troublé, ou qu'il avait dépouillé le véritable possesseur : par où il a été jugé qu'il n'avait pas lui-même la véritable possession qui est, comme nous le verrons, le seul fondement de l'action possessoire proprement dite.

62. La réflexion que nous venons de faire ne nous permet pas non plus d'admettre, d'après les mêmes auteurs, une cinquième différence qu'ils veulent établir entre la *complainte* et la *réintégrande*, et qui consiste en ce que, pour exercer la complainte, il faut avoir une possession complette et caractérisée ; tandis que toute possession suf-

____

(1) V. Cod. civ., art. 1351 et 1352.
(2) V. comp. des juges de paix de Mr Henryon, pag. 495 et suiv., et les commentateurs de l'ordonn. de 1667.

fit, selon eux, pour être admis à la réintégrande. Leur sentiment se fonde, comme
dans l'espèce précédente, sur la maxime :
spoliatus antè omnia restituendus. Mais il
nous semble qu'en appliquant trop généralement cette maxime, ils lui donnent un
sens forcé.

Que celui qui a été dépouillé doive être
réintégré dans l'espèce de possession qu'il
avait, et qu'a eu tort de lui enlever le spoliateur qui n'y avait aucun droit, point de
difficulté; voilà le sens naturel de la maxime : cc c'est le cas de l'action possessoire
improprement dite , dont nous parlerons
ci-après. (1)

Mais s'il a été reconnu dans l'instance
qu'il n'était pas véritable possesseur, et
qu'au contraire c'est le spoliateur qui l'é-
tait , a-t-on pu juger équitablement que le
dépouillé reprendrait cette possession qu'il
n'avait pas? Non sans doute. Supposons
donc, par exemple, qu'un légitime possesseur troublé dans sa possession, au lieu de
se pourvoir en complainte, ait usé de violence pour faire cesser ce trouble. Qu'a-t-il
fait en cela? Deux choses : il a repris la libre
possession qui lui appartenait justement;
il serait injuste de l'en priver. Il a usé de
violence, et s'est rendu justice à lui-même;
il doit, pour ce fait, à son adversaire une
réparation et des dommages-intérêts. Ainsi

---

(1) V. inf. chap. 6 , sect. 4.

on aura eu raison de le condamner à ces dommages-intérêts , mais on n'aura pas dû le condamner à restituer une possession qui est à lui , et non pas à son adversaire.

Au surplus , cette opinion que nous combattons n'a pour base que les principes du droit romain, qui sévissaient avec beaucoup de rigueur contre la violence armée (1) ; mais chez nous la sévérité des lois a toujours dû être tempérée par l'équité , *suum cuique*. Nous persistons donc à dire que , pour être recevable dans l'action possessoire proprement dite, la condition nécessaire est d'avoir ou d'avoir eu la véritable possession.

63. Ceci nous ramène à l'exposition des principes généraux qui régissent sans distinction les actions en *complainte* et en *réintégrande*.

Pour parvenir à les connaître, nous rechercherons, suivant notre méthode, quels sont l'objet , la nature , et les effets de l'interdit ou action possessoire. (2)

-----

(1) V. le tit. ff. *de vi et vi armatâ*, §. 6 ; instit. , *de interd.* ; et Ferrière sur ce §.

(2) L'objet direct et la nature primordiale d'une action sont les deux élémens fondamentaux qui la caractérisent. Quant à ses effets, quoiqu'en général ils soient naturellement conformes à sa qualité substantielle , on peut concevoir cependant que, par des raisons de convenance publique , le législateur en dispose autrement; car si la nature des choses est invariable , les conséquences plus ou moins rigoureuses qui en dérivent dans la pratique, ne le sont pas. Ainsi nous verrons ci-après, chap. 7, sect. 3 , que les effets de l'interdit possessoire ne se rapportent pas complettement à son objet et à sa nature.

CHAPITRE V.

De l'Objet de l'interdit possessoire.

64. L'objet direct de l'interdit possessoire est évidemment double : c'est la cessation du trouble ou de la spoliation, et la réparation du tort causé. Or ces deux buts distincts se poursuivent simultanément par une seule et même action ; car comment demander la cessation sans la réparation, et la réparation sans la cessation du tort qu'on nous a fait ?

Ce qu'il faut pourtant remarquer, c'est que demander la cessation du trouble ou de la spoliation, c'est revendiquer la possession, et conséquemment exercer une action réelle ; tandis qu'au contraire, il n'y a que personnalité dans la demande en réparation d'un fait nuisible. (1)

En considération de ce double but, l'un réel et l'autre personnel, l'action possessoire est qualifiée dans le droit romain : *personalis in rem scripta*. Nous pouvons même dire plus exactement qu'elle est *mixte*, c'est-à-dire mélangée indivisiblement de personnalité et de réalité : ce qui est le caractère de l'action mixte, comme nous le dirons dans le chapitre suivant, où nous traiterons de cette espèce d'action ; et néanmoins elle ne

____

(1) V. sup. n. 45.

l'est, pour ainsi dire, qu'imparfaitement, vu que, relativement à son exercice, le principe que la loi a établi pour l'action absolument mixte ne s'y applique point, ainsi que nous l'observerons au chap. 7 ci-après, sect. 3.

Concluons seulement de ce double objet de l'action possessoire, qu'elle peut se poursuivre contre le simple détenteur, ou contre le prétendant à la possession, même à la propriété, en un mot contre tout perturbateur ou spoliateur; à la différence de l'action pétitoire, qui ne s'exerce en général que contre le possesseur véritable ou présumé tel. (1)

CHAPITRE VI.

De la Nature de l'interdit possessoire.

65. De même que l'action possessoire est mixte par son objet, elle l'est aussi par sa nature; car quelle est l'origine de cette action? C'est d'une part le droit de possession appartenant à celui qui a été troublé ou dépouillé; c'est d'autre part le trouble ou la spoliation qu'il a éprouvé par le fait de son adversaire. A défaut du droit réel, il n'aurait point de revendication; à défaut du fait personnel, il n'aurait point d'action en réparation : il faut donc que ces deux

____

(1) V. sup. chap. 3, n. 54 et 55.

choses concourent indivisiblement, pour donner naissance à cette action.

66. Le droit de possession est la suite naturelle et ordinaire du droit de propriété. Cependant, quoiqu'intimement liés par leur nature, ces deux droits sont très souvent séparés l'un de l'autre; d'où il arrive que, réunis même en une seule main, on les considère quelquefois isolément, soit dans la théorie, soit dans la pratique. (1)

C'est sur cette distinction que l'action possessoire est fondée, en sorte que l'on peut agir au possessoire, soit qu'on ait ou qu'on n'ait pas la propriété de la chose, pourvu qu'on en ait la possession, s'il s'agit de *complainte*, ou qu'on l'ait eue, s'il s'agit de *réintégrande*.

Une première condition indispensable pour pouvoir intenter l'action, est donc ou d'avoir, ou d'avoir eu la possession.

67. Mais, comme nous venons de le dire, ce qui tient encore à la nature de l'action possessoire, c'est d'avoir été troublé dans sa possession, s'il s'agit de la *complainte*, ou d'en avoir été dépouillé, s'il s'agit de la *réintégrande*.

Ce fait du trouble ou de la spoliation est donc une seconde condition indispensable pour l'exercice de l'action.

68. Il suit de là que le demandeur au possessoire est tenu de prouver, 1° sa posses-

____

(1) L. 1, §. 2, ff. *uti possidetis.*

sion ; 2° le fait de l'adversaire qui l'a troublé ou dépouillé.

Néanmoins il peut arriver que les deux
parties se disputent la possession, et qu'il
y ait en conséquence lieu de douter à laquelle des deux elle appartient. S'il y a
doute absolu sur cette question, c'est le cas
du séquestre ; et si l'une des parties a plus
d'apparence de droit que l'autre, c'est le
cas d'une sorte de *recréance* prononcée en
sa faveur par le juge du possessoire. (1)

69. Revenons aux deux élémens essentiels
de l'action possessoire, et examinons les
principes qui les concernent : c'est ce qui
va faire le sujet des cinq sections suivantes,
dont les quatre premières traiteront de la
possession, et la cinquième du trouble et de
la spoliation.

SECTION PREMIÈRE.

De la Possession.

70. La possession *(possessio, veluti pedis positio in re, du mot possidere, id est
sedere in re)* est la jouissance effective et
légitime ou présumée telle, que nous avons
d'une chose soit corporelle, soit incorporelle, ou par nous-mêmes, ou par un autre
qui possède pour nous. (2)

---

(1) V. comp. des juges de paix, pag. 406 ; et le
code civil, art. 1961 et suiv. V. sup. n. 59.

(2) V. C. civ., art. 2228 ; L. 115, ff. *de verb. signif.*
Nota. Les lois romaines et les docteurs, distinguant

71. De ce que la possession, *pedis positio*, consiste dans un fait de jouissance positive et corporelle, joint au droit de posséder, on en conclut avec raison que la possession actuelle et effective d'une même chose
ne peut en général appartenir à plusieurs
en même temps : qui dit possession actuelle,
dit nécessairement fait et droit exclusif.

Comme il y a cependant plusieurs espèces
de possession dont nous parlerons tout à
l'heure, il est possible que l'une de ces espèces
appartienne à l'un, et l'autre à l'autre, par
rapport à la même chose ; il est même possible
que plusieurs jouissent de la même possession, soit à un titre commun, soit à des titres
diff rens ; mais que la même espèce de possession appartienne en même temps et au
même titre à plusieurs personnes différentes,
et contradictoirement entr'elles, par rapport
à une seule et même chose, c'est ce qui im-
plique contradiction.

Par exemple, on conçoit que l'un puisse
avoir la possession comme propriétaire, et
l'autre comme usufruitier ; on conçoit que
plusieurs jouissent en commun au même

---

celle qui a pour objet les choses corporelles, de celle
qui a pour objet les choses incorporelles, appellent
la première, *possession*, et la seconde, *quasi-pos-
session* : on ne peut en effet jouir corporellement que
des choses qui tombent sous les sens ; mais cette distinction de pure théorie n'a point d'application dans
la pratique, vu qu'il n'est aucun droit qui n'emporte
une utilité réelle, et ne soit ainsi, par ses effets, suc-
ceptible d'une possession effective et matérielle.

titre de la même possession, vu que cette communauté ne fait qu'une seule personne collective, tous jouissant pour chacun, et chacun jouissant pour tous; on conçoit encore que s'agissant d'une possession dite précaire, l'un possède, si l'on veut, comme usufruitier, l'autre comme usager, etc. le même immeuble. Mais quand il s'agit de la possession véritable qui est tout à la fois de fait et de droit, il est de toute impossibilité, encore une fois, qu'elle appartienne à deux personnes différentes pour en jouir chacune de son côté. Si l'une l'a en effet, il s'ensuit infailliblement que l'autre ne l'a pas.

72. Si la possession est, comme nous le disions tout à l'heure, la conséquence nécessaire du droit de propriété, elle en est aussi le principe et la source. Car la propriété sur les choses est un droit d'institution sociale, au lieu que la possession est un droit qui dérive directement de la loi naturelle. Il y a eu des possesseurs, avant qu'il y eût des propriétaires. (1)

Ce droit de possession, le seul primitivement connu parmi les hommes, conserve encore parmi eux le respect dû à son ancienneté; et c'est non-seulement parce qu'il est le premier des droits, mais parce qu'il est le plus utile de tous, qu'on lui accorde des préférences sur le droit de propriété lui-même. (2)

______

(1) L. 1, §. 1, ff. *de acq. vel. amitt. possess.*

(2) LL. 36, §. 3, ff. *de testam. mil.;* 2 *uti possidetis;* et 128 *de reg. juris.*

Pour établir la propriété, il faut des titres ; ces titres peuvent se perdre, ils peuvent être équivoques, incertains, susceptibles de contradiction : la possession supplée à tout. Elle explique les difficultés, dissipe les incertitudes ; elle confirme la propriété où elle est, elle la fait supposer où elle n'est pas : en même temps qu'elle assure les droits des particuliers, elle sert aussi à maintenir la tranquillité générale, en laissant chacun dans la position où il est, en faisant présumer légitimes toutes les jouissances, en les mettant sous la protection des lois, jusqu'à ce que l'injustice en ait été reconnue par les tribunaux (1). Or, pour obtenir tant d'avantages divers, il suffit de constater le fait de la possession, fait palpable et matériel dont la preuve est toujours facile. C'est pour cela que les jurisconsultes appellent la possession, la patrone du genre humain. (2)

73. Nous devons pourtant concevoir que ces faveurs et ces priviléges ne sont point attachés indistinctement à toutes les espèces de possessions.

On en distingue en effet de plusieurs sortes : il y a d'abord celle qui consiste dans le pur fait de la jouissance, et celle qui consiste à la fois dans le fait et dans l'esprit ou l'intention de la propriété. La première

____

(1) V. L. 13, §. 3, ff. *de usufr.*; L. 24, *de rei vind.*

(2) V. Cochin, tom. 4, pag. 571.

est la simple détention, ou la *possession na-turelle;* la seconde est la véritable posses-sion, ou *possession civile.*

La *possession naturelle* ou de fait ne donne pas lieu, comme on voit, à la pré-somption de la propriété en faveur du pos-sesseur, celui-ci ne pouvant alléguer que le simple fait de sa détention, sans aucune intention de posséder comme maître. Ce-pendant il est possible que celui qui n'a réel-lement qu'une possession naturelle, possède avec l'intention de la propriété ; c'est lors-qu'il a pour lui un juste titre et la bonne foi. On appelle juste titre celui qui est trans-latif de propriété, comme une donation, une vente, etc. Et la bonne foi consiste à croire qu'on possède civilement sa propre chose, et non pas celle d'autrui. Ainsi on distingue la *possession avec juste titre, et la possession à titre purement précaire* ou non translatif de propriété ; la *possession de bonne foi,* et la *possession de mauvaise foi.*

La possession naturelle avec juste titre et bonne foi, équivaut à la possession civile. (1)

Cette possession naturelle se subdivise en-core en *juste,* et *injuste :* elle est juste, si celui qui l'a en jouit légitimement, soit en vertu d'un titre, soit par le consentement du possesseur véritable ; elle est injuste, s'il en jouit par fraude ou sans autorisation : mais la fraude ne se présume pas.

---

(1) V. cod. civ., art. 2265.

La *possession civile* au contraire est celle qui dérive du droit de propriété constaté et reconnu, ou qui réunit les divers caractères propres à en établir la présomption : elle est ainsi de fait et de droit; la propriété existant réellement dans le premier cas, et étant présumée exister dans le second. Or cette présomption équivaut, aux yeux de la loi, à la réalité même, elle dispense de toute preuve, elle n'en admet point de contraire, elle est *juris* et *de jure* (1). Mais il faut, pour la produire, des caractères de possession tels, qu'il en résulte comme une preuve morale de la propriété, ou du moins une opinion raisonnable, soit de la part du public, soit de la part du possesseur, que ce dernier est légitime propriétaire. Dans l'un comme dans l'autre cas, la *possession civile* est *complette* et *caractérisée* : c'est la possession *véritable* ou *parfaite*, la seule qui mérite et qui obtienne régulièrement les faveurs légales ci-dessus rappelées, la seule qui puisse, à proprement parler, servir de base à l'action possessoire.

Cependant il est possible qu'elle manque de quelques-unes des conditions qui la rendent complette et véritable : elle est alors *imparfaite*, et, malgré son imperfection, n'en produit pas moins l'action possessoire improprement dite, dans certains cas dont nous rendrons compte à la section 4 ci-après.

____

(1) V. cod. civ., art. 1350 2°, et 1352.

Ainsi, la *possession civile* peut se subdiviser en *possession parfaite*, ou *proprement dite* ; et *possession imparfaite*, ou *improprement dite*. La possession civile parfaite prend encore dans la pratique le nom particulier de *saisine*, le possesseur étant saisi ou présumé saisi de la propriété.

Voyons maintenant quels sont les caractères constitutifs de cette *saisine* ou possession civile parfaite qui fait présumer la propriété, et qui donne ouverture à l'interdit possessoire.

SECTION II.

Caractères de la saisine ou possession civile parfaite.

74. La possession, pour être qualifiée saisine ou possession parfaite, doit être *annale, paisible, publique* et *non équivoque, continue* et *non interrompue*, *à titre de propriétaire*, c'est-à-dire avec la juste intention de posséder comme tel : en outre elle doit s'appliquer à une *chose prescriptible*. (1)

1° Elle doit être *annale*, c'est-à-dire avoir duré au moins un an complet. Il faut à la possession une durée suffisante, non-seulement pour que le public en ait eu con-

____

(1) V. le tit. 18 de l'ordonnance de 1667, et les commentateurs. V. aussi l'art. 23 du cod. de proc. civ., et les art. 2226, 2229 et suiv. du cod. civ.

naissance, mais pour que le propriétaire ou véritable possesseur ait eu le temps d'être instruit et de se plaindre de l'usurpation qu'on aurait pu commettre contre lui : la loi a fixé pour cela le délai d'une année. Ce délai s'étant écoulé sans qu'il y ait eu aucune opposition ni réclamation formée contre le possesseur, il est à présumer que sa possession est légitime.

2° Elle doit être *paisible*, c'est-à-dire n'avoir pas pris sa source dans un acte de violence, car la violence exclut l'idée de la légitimité.

3° Elle doit être *publique* et *non équivoque*. Si on a possédé clandestinement, à la dérobée, loin de l'œil du public, ou d'une manière équivoque et incertaine ; il s'ensuit d'une part, que la possession est suspecte, car un légitime possesseur ne se cache pas : d'autre part, que l'opinion du public n'a pu se former sur la légitimité de cette possession ou incertaine, ou ignorée : et enfin que le véritable propriétaire ou possesseur, qui l'a également ignorée, n'a pu s'y opposer.

Elle peut cependant être légitime; mais n'étant point crue telle, c'est comme si elle ne l'était pas. Il n'en résulte donc pas la présomption légale de la propriété; et pour la légitimer, il ne faut rien moins qu'une preuve directe de ce droit de propriété.

4° Elle doit être *continue* et *non interrompue*, c'est-à-dire n'avoir pas été discontinuée par le fait et la volonté non équivoque du possesseur, ou n'avoir pas été discontinuée par le fait d'un tiers. (1)

Dans l'un comme dans l'autre cas en effet, le possesseur qui a cessé de posséder par son fait ou par le fait d'autrui, est censé avoir eu ses raisons pour cela; et il est tout au moins impossible de savoir lequel a eu droit à la possession, de lui ou du tiers qui s'y est entremis.

5° Celui qui a possédé, doit l'avoir fait à titre de maître, *animo domini*, c'est-à-dire ayant eu de justes motifs pour se croire propriétaire. S'il n'avait pas pu avoir en effet cette juste opinion, la présomption légale de la propriété en sa faveur serait démentie et détruite par là même : on ne peut présumer propriétaire, celui qui n'a pu ni dû se regarder comme tel.

6° Enfin il faut que la chose possédée ne soit pas *imprescriptible;* car on n'a pu avoir la juste opinion de posséder comme propriétaire, une chose dont on ne pouvait acquérir la propriété par aucune possession : une chose imprescriptible n'est telle en effet, que parce qu'elle ne tombe point en possession civile.

75. Si la possession manquait de l'un ou

______

(1) Sur la différence entre les effets de la discontinuation de la part du possesseur, et de la discontinuation de la part d'un tiers qu'on appelle interruption, il faut recourir aux principes du droit civil. V. Dunod, Pothier, etc.

de plusieurs de ces caractères, elle serait, comme nous l'avons dit, *imparfaite*, c'est-à-dire ou *incomplette*, ou *vicieuse*.

La possession est *incomplette*, quand elle n'a pas eu la durée légale, quand elle a été discontinuée par le possesseur, ou quand elle a été interrompue par un tiers.

Elle est *vicieuse*, quand elle péche par son principe, ou par son objet.

Les vices qui tiennent directement au principe de la possession, sont : *la violence, la clandestinité*, et *le précaire*.

L'imprescriptibilité de la chose possédée est un vice qui tient directement à l'objet de la possession, et indirectement à son principe.

Nous avons déjà dit que la *violence* et la *clandestinité* excluent l'idée de la légitimité de la possession. Quant au *précaire* et à *l'imprescriptibilité*, ils excluent l'idée de la propriété. Mais qu'entend-on par le *précaire?* C'est ce que nous allons expliquer dans la section suivante.

SECTION III.

Du Précaire.

76. On appelle *précaire (precarium*, du mot *prex, precis, prière)* la possession de celui qui n'en jouit qu'au nom du véritable possesseur, ou par sa permission ou tolé-

8

rance (1), par où l'on voit clairement qu'une possession *précaire* ne peut se concilier avec l'intention de posséder comme maître, qui est l'un des caractères fondamentaux de la véritable possession.

Aussi voyons-nous dans l'article 2236 du code civil, que ceux qui possèdent pour autrui ne prescrivent jamais par quelque laps de temps que ce soit. Or, ceux qui ne possèdent que pour autrui sont, suivant le même article, le fermier, le dépositaire, l'usufruitier, et tous autres qui détiennent *précairement* la chose du propriétaire, (tels que l'usager, l'emprunteur, le séquestre, le créancier engagiste ou antichrésiste, etc.) (2)

77. De ce que tous ces détenteurs *précaires* ne peuvent prescrire, comme n'ayant pas la véritable possession ; devons-nous en conclure que tous indistinctement ne puissent exercer l'action possessoire proprement dite, qui a de même pour fondement cette véritable possession ? Non : il y a ici quelques distinctions à faire qui méritent un moment d'attention.

Nul doute d'abord que le fermier, l'emprunteur, le séquestre, le créancier, et tous ceux qui, comme eux, n'ont qu'une possession d'emprunt, et seulement la jouis-

---

(1) *Quasi precibus adhibitis.* L. 1 et 2, §. 3, ff. *de precario.*

(2) V. cod. civ., art. 2079, 2080, 2087, 2088, etc.

sance du droit d'autrui, ne doivent être exclus de l'action possessoire; car en demandant par cette action le relâchement de la possession, ils exciperaient d'un droit qui n'est pas le leur : or l'action ne peut évidemment appartenir qu'au propriétaire ou véritable possesseur du droit sur lequel elle est fondée (1). A la bonne heure que, s'ils sont inquiétés en fait dans leur jouissance de fait, ils ayent une action contre celui qui les y a troublés ou qui les en a dépouillés, pour la recouvrer telle qu'ils l'avaient, et pour obtenir la réparation du tort matériel qu'on leur a causé; mais cette action qui n'a pour base qu'un simple fait, conséquemment un droit personnel et non pas un droit réel, ne peut être que purement *personnelle* (2) : ce n'est donc pas l'action possessoire, laquelle, comme nous l'avons vu, est mixte par son objet et par sa nature.

78. A l'égard de l'usufruitier et de l'usager, ce sont bien aussi des possesseurs précaires qui ne peuvent prescrire la propriété des choses soumises à leur droit d'usufruit ou d'usage; et pourquoi? par la raison que

______

(1) V. L. 4, §. 7, ff. *si servit. vindic.*

(2) Cod. civ., art. 1382 et suiv. *Nota :* Les art. 1725 et 1727 du même code contiennent expressément par rapport au fermier la distinction que nous établissons ici; et par rapport aux autres détenteurs précaires, il y a même raison de décider. V. sup, n. 45.

le droit qui leur appartient sur la chose, est exclusif de l'idée de la propriété de cette chose. Mais s'ils ne sont que possesseurs précaires des objets dont ils jouissent, ils ne sont pas de même possesseurs précaires du droit d'usufruit ou d'usage qu'ils ont sur ces mêmes objets, ils sont véritablement propriétaires de ce droit, et le possèdent en cette qualité. En effet l'usufruit et l'usage sont, comme on sait, des droits exclusivement attachés à la personne, tellement qu'elle ne peut les transmettre, et qu'ils s'éteignent avec elle. (1)

(1) Suivant les articles 631 et 634 du code civil, l'usager ne peut céder *son droit;* l'art. 595 du même code autorise au contraire l'usufruitier à transmettre *le sien* à titre onéreux ou gratuit. Mais par ce mot *droit*, la loi n'entend que la faculté de percevoir le produit matériel de l'usufruit ou de l'usage, et non pas le droit en lui-même qui est inaliénable. V. l'art. 617 ibid., et les principes du droit romain sur les servitudes personnelles.

Nota-bené. Ce mot *servitude personnelle*, par lequel on désignait dans le droit romain les droits d'usufruit, d'usage, et d'habitation, a effarouché les oreilles françaises depuis la révolution, au point que les législateurs et les juristes ont craint également d'en souiller leur bouche ou leurs écrits; mais avec leur permission, ce n'est là qu'un pur préjugé. Qu'y a-t-il de commun entre les servitudes actives sur les choses, qui appartiennent aux personnes ou sont inhérentes aux choses, et la servitude passive personnelle ou l'esclavage? Je regrette le mot en question, non-seulement parce qu'il servait dans l'enseignement élémentaire à classer les servitudes, mais encore parce qu'il exprime très bien la personnalité exclusive des droits d'usufruit, d'usage et d'habitation.

Lors donc que l'usufruitier et l'usager viennent à être troublés dans leur jouissance ou à en être dépouillés ; ils sont non-seulement troublés dans la possession ou privés de la possession *purement précaire* par rapport à eux des objets soumis à leur droit : mais ils sont encore troublés dans la possession ou privés de la possession de ce droit réel, qui est pour eux une possession *parfaite* et caractérisée, *animo domini*. Leur action n'est donc pas seulement *personnelle*, elle est *mixte*, comme dérivant du fait et du droit tout ensemble.

En un mot, l'usufruitier et l'usager possèdent pour le propriétaire les choses sujettes à l'usufruit ou à l'usage : donc ils ne peuvent les prescrire. Mais ils possèdent pour eux-mêmes, et comme propriétaires, le droit réel d'usufruit ou d'usage : donc l'action possessoire, proprement dite, leur est ouverte, en cas de trouble éprouvé par eux dans la possession de ce droit.

Ceci peut nous conduire à examiner succinctement les trois questions suivantes : 1º Si l'usufruitier et l'usager sont recevables à exercer l'action possessoire, cette action leur appartient-elle, à l'exclusion du propriétaire des choses dont ils jouissent ? 2º Si au contraire le propriétaire y est également recevable, qu'arriverait-il en cas de concurrence entre eux et lui ? 3º Qu'arriverait-il enfin, si eux ou lui négligeaient d'exercer cette action ?

§. Ier.

Le droit d'agir au possessoire est-il exclusif pour l'usufruitier ou l'usager ?

79. Nous venons de voir que l'usufruitier et l'usager ont une double possession,
l'une *véritable* comme propriétaires du
droit d'usufruit ou d'usage, l'autre *précaire,*
comme détenteurs de la chose d'autrui.

De leur première qualité, nous avons
conclu avec raison que l'action possessoire
leur appartenait ; car on ne peut les avoir
troublés dans leur jouissance matérielle,
sans les avoir par là même troublés dans
la possession de leur droit.

Quant à leur seconde qualité, elle produit
pour effet, 1° qu'eux ni les leurs ne peuvent
prescrire les choses dont ils jouissent contre
le propriétaire ni les siens, si ce n'est en cas
d'interversion de leur possession, c'est-à-
dire de changement de leur titre (1); 2° qu'ils
ne peuvent jouir que de la même manière
que jouissait le propriétaire lui-même (2);
3° qu'ils doivent conserver au propriétaire
la possession intacte de sa chose, pour la
lui rendre à la fin de l'usufruit ou de l'u-
sage (3); 4° que s'ils doivent conserver cette

---

(1) Cod. civ., art. 2236, 2237, 2238, 2241.
(2) Ibid., art. 578, 625, 630 et suiv.
(3) Ibid., et L. 1 et 2, ff. *usufructuarius que-
madmod. cav.*

possession, ils doivent la défendre contre
tout agresseur, et qu'ils sont responsables
envers le propriétaire du moindre tort qu'il
aurait éprouvé par leur négligence, sous le
rapport de sa possession, vu que c'est pour
lui qu'ils possèdent : tellement qu'on doit
les regarder comme ses représentans, ses
mandataires sous ce même rapport de la
possession, leur titre renfermant implicitement cette qualité et l'obligation qui en
dérive (1). V. arr. rejet, 7 octobre 1813,
rec. Sirey 1815, pag. 143.

Les autres détenteurs précaires peuvent
de même à la rigueur être considérés comme
les mandataires du propriétaire pour jouir
de sa possession, la conserver et la défendre ;
d'où on pourrait induire que tous indistinctement seraient admis à exercer l'action possessoire en cas de trouble apporté à leur
jouissance matérielle. Mais comme ils n'ont
aucun droit réel qui leur soit propre, ils
ne seraient admis à cet exercice que pour
le propriétaire et en son nom : c'est lui qui

____

(1) V. cod. civ., 578 et 614, et dd. LL. *Nota :*
Nous disons, *sous le rapport de la possession ;* car
le propriétaire ne leur a pas transmis son droit de
propriété ; ce droit continue de reposer exclusivement
sur sa tête : raison pourquoi, si des tiers élèvent des
prétentions à la propriété, ou y portent atteinte pendant la durée de l'usufruit ou de l'usage, le propriétaire
lui seul ayant qualité pour y défendre, l'usufruitier
et l'usager ne sont plus ses représentans à cet égard,
et doivent se borner à lui dénoncer l'attentat.

agirait par eux (1). Ils ne sont donc pas tenus d'agir, et il leur suffit de dénoncer le trouble au propriétaire.

Autre chose est de l'usufruitier et de l'usager qui sont non-seulement les mandataires du propriétaire comme détenteurs précaires de sa chose, mais encore possesseurs, en leur nom et comme maîtres, du droit qui leur est propre. Ils agissent donc au possessoire en cette dernière qualité pour eux-mêmes et non pour autrui, comme possesseurs véritables et non comme détenteurs précaires : *jure suo utuntur.* Puis donc qu'ils peuvent agir pour eux-mêmes, ils le doivent sous peine d'en répondre.

Cependant il dépend d'eux d'agir ou non en cas de trouble ; il dépend d'eux de compromettre leur responsabilité envers le propriétaire de la chose sujette à l'usufruit ou à l'usage, et dont ils n'ont que la possession précaire ; car leur obligation est une obligation de faire, qui se résout en dommages-intérêts. (2)

Mais que résulte-t-il de là ? C'est que le propriétaire a nécessairement le droit, comme il a l'intérêt, de conserver et de défendre lui-même sa possession de cette même chose contre les tiers, qui y porteraient atteinte en troublant la jouissance matérielle de l'usufruitier ou de l'usager : en effet, ce qu'on

---

(1) *Videtur gessisse per semetipsum, qui per alium gessit.* L. 5, §. 3., ff. *de adm. et peric. tut.*

(2) C. civ., art. 1142.

peut faire par son mandataire, on le peut
à plus forte raison par soi-même. (1)

Ainsi ce qu'il y a de commun entre l'usufruitier ou l'usager et les autres détenteurs
précaires : c'est, 1° que ni les uns ni les
autres ne sont parties capables pour repousser les atteintes portées à la propriété
des choses dont ils ont la jouissance, vu
que sous ce rapport ils ne sont pas même
les mandataires du propriétaire (à moins
qu'il ne leur ait donné à cet égard un mandat
exprès); qu'en conséquence ils doivent lui
dénoncer les actes qui peuvent lui nuire (2);
2° que tous indistinctement sont responsables envers lui du défaut de dénonciation,
ainsi que du défaut de soin et de diligence
à conserver l'objet dont ils jouissent; 3° qu'on
peut les regarder tous, sous le *rapport* de
la possession, comme ses mandataires : *pro-*
curatores in rem ejus, vel in rem suam;
4° qu'il a lui-même l'action possessoire en
son propre nom, comme possesseur civil.

Ce qui concerne au contraire particulièrement les usufruitiers et usagers, c'est
1° qu'ils ont, aussi bien que le propriétaire,
l'action possessoire en leur nom; 2° que
non-seulement ils y sont recevables, mais
qu'ils sont tenus ou de l'exercer ou de dénoncer le trouble au propriétaire, qui peut,
s'il le veut, les obliger à l'exercer sous peine

------

(1) Ibid. et Arg., art. 2904.
(2) Ibid., art. 614, 1725.

de tous dommages et intérêts, ou l'exercer à leur défaut, et les forcer même en ce dernier cas, d'en avancer les frais. Tout cela dérive naturellement des principes que nous venons d'exposer. V. c. civ., art. 1144.

§. II.

Quid , *s'il y avait concurrence d'action entr'eux et le propriétaire ?*

80. On peut supposer trois cas dans lesquels il y aurait concurrence entre un propriétaire et le possesseur précaire de sa chose, pour l'exercice de l'action possessoire :

Où le possesseur précaire ayant ouvert cette action, le propriétaire veut l'exercer lui-même ;

Où réciproquement le propriétaire a prévenu le possesseur, qui prétend agir aussi ;

Où enfin le propriétaire et le possesseur l'ont ouverte en même temps chacun de leur côté.

Dans le premier cas, il est fort clair que le propriétaire n'est point recevable à intenter l'action déjà intentée par le possesseur précaire.

S'agit-il en effet d'un détenteur autre que l'usufruitier ou l'usager ? Comme il n'a pu agir qu'en qualité de mandataire et au nom du propriétaire, c'est celui-ci qui est censé avoir agi lui-même. A quoi lui servirait-il donc d'agir de nouveau ? Il y serait sans intérêt, donc sans droit, à moins qu'il ne

désavouât son mandataire : rien de frustratoire ne se fait en justice.

Il en faut dire de même, et à plus forte
raison, s'il s'agit d'un usufruitier ou usager,
puisque, soit qu'il ait agi comme mandataire, ou pour lui-même, il a également
mis à couvert les intérêts du propriétaire,
en exerçant un droit, ou remplissant une
obligation qui lui est propre.

Mais si, dans l'une et l'autre supposition,
le propriétaire ne peut plus agir, rien ne s'oppose à ce qu'il intervienne dans l'instance,
pour veiller par lui-même à la conservation
de ses droits.

2° Supposons maintenant que le propriétaire ait intenté l'action, et que le possesseur veuille l'exercer aussi.

Bien évidemment le détenteur qui n'est
ni usufruitier ni usager ne peut y être recevable, puisqu'il ne pourrait invoquer
d'autre droit ni exercer d'autre action que
ceux du propriétaire qui, ayant agi en personne, ne peut plus agir une seconde fois
par l'intermédiaire de son représentant.

Quant à l'usufruitier ou usager, il aurait
bien le droit d'exercer l'action en son nom;
mais il y est non-recevable à défaut d'intérêt,
l'action intentée par le propriétaire ayant
pour résultat de conserver les droits de
l'un et de l'autre. Seulement il pourrait intervenir au procès, comme nous avons dit
plus haut que le propriétaire le pouvait
dans la supposition inverse.

3° Que si nous supposons enfin le cas

nécessairement très rare où le propriétaire et le possesseur auraient exercé en même temps l'action possessoire contre le même individu et pour le même fait : comme il y a infailliblement, suivant ce qui vient d'être dit, l'une de ces actions qui doit céder à l'autre (attendu que deux procès ne peuvent exister ensemble, entre les mêmes parties, pour un seul et même objet, rien de frustratoire ne se faisant en justice), la question se réduit à savoir lequel du propriétaire ou du possesseur doit être préféré.

Or il n'y a d'abord aucun doute que ce ne soit le propriétaire, par rapport au détenteur purement précaire ; car ce dernier n'étant que le mandataire de l'autre, se trouve sans pouvoir aussitôt que son mandant fait son affaire lui-même. (1)

Mais il n'en est pas ainsi par rapport à l'usufruitier ou à l'usager, qui a sa possession civile propre, aussi bien que le propriétaire, et conséquemment le droit d'agir *nomine suo*.

Le droit étant le même pour l'un et pour l'autre, la préférence ne peut plus résulter que du degré d'intérêt qu'ils ont respectivement à l'exercice de ce droit. Quel est donc l'intérêt des contendans ?

Celui du propriétaire consiste uniquement à défendre la possession civile de sa chose : celui de l'usufruitier ou de l'usager est non-

---

(1) V. cod. civ., art. 2004.

seulement de conserver au propriétaire cette possession dont il est responsable envers lui, mais encore de conserver pour lui-même la possession civile de son droit sur la chose, ainsi que sa jouissance matérielle et le mode de cette jouissance, tel qu'il a été réglé pour lui, ou par son titre, ou par la loi. Il est donc naturel que l'action lui reste, sauf au propriétaire à y intervenir, si cela lui convient, comme nous l'avons déjà dit.

§. III.

Que résulterait-il soit contre le propriétaire, soit contre le possesseur précaire, de la négligence qu'ils auraient mise à exercer l'action possessoire ?

81. La négligence à faire ce qu'on doit entraîne des dommages-intérêts envers celui qui en a souffert. (1)

Mais, 1º dans quels cas et comment la négligence du propriétaire à exercer l'action possessoire, peut-elle nuire au possesseur ?

En général un propriétaire peut impunément négliger de faire valoir ses droits de propriété ou de possession civile ; s'il les compromet par sa négligence, il n'en est responsable envers personne, puisqu'il ne nuit qu'à lui-même sous ce rapport (2).

_____

(1) Cod. civ., art. 1146, 1147 et suiv.
(2) Ibid., art. 544.

Cependant il est possible qu'il en résulte des effets préjudiciables pour ceux qui possèdent sa chose quoiqu'en son nom ; et à cet égard il faut distinguer entre les détenteurs purement précaires, et l'usufruitier ou usager. Si par suite du défaut d'action de la part du propriétaire, son fermier, ou son emprunteur, ou son créancier antichrésiste, ou tout autre détenteur purement précaire, viennent à perdre leur jouissance matérielle, il leur doit évidemment des dommages-intérêts pour la privation qu'ils éprouvent.

Peut-être dira-t-on qu'ils n'ont droit en ce cas à aucune réparation, puisque, comme mandataires tacites du propriétaire, ils pouvaient exercer eux-mêmes l'action possessoire (1). Ils le pouvaient, si l'on veut ; mais il n'y étaient point tenus. La seule obligation qu'ils eussent à remplir, c'était de dénoncer au propriétaire le fait d'anticipation ou de trouble commis par les tiers au préjudice de ses droits (2). S'ils lui ont donc fait cette dénonciation, ils se sont complètement acquittés envers lui, et de ce moment il a dû mettre à couvert leurs intérêts par son action, sous peine de toute responsabilité à leur égard.

Quant à l'usufruitier ou usager, la responsabilité du propriétaire n'aurait lieu en leur

______

(1) V. sup. n. 79.
(2) Cod. civ., art. 614, 1725.

faveur que dans le cas où sur la dénonciation qu'ils lui auraient faite du trouble, il aurait expressément pris sur lui d'exercer l'action, et aurait négligé d'agir. V. sup. n. 79.

Ainsi, pour que la négligence du propriétaire à exercer l'action possessoire puisse entraîner contre lui une condamnation de dommages-intérêts, il faut deux conditions réunies : la première, qu'il ait été instruit du trouble ou de l'anticipation, par la dénonciation du possesseur ; et la seconde, qu'il y ait eu réellement préjudice souffert de la part de ce possesseur, par suite de la négligence du propriétaire. De là nous devons conclure que l'action en dommages-intérêts ne peut appartenir contre le propriétaire négligent, qu'aux possesseurs précaires qui retirent de leur possession une utilité positive, et non pas à ceux qui, comme le séquestre ou dépositaire, n'en retirent aucun avantage pour eux-mêmes.

2° Dans quels cas et comment la négligence du possesseur peut-elle nuire au propriétaire ?

D'abord quant au possesseur, autre que l'usufruitier ou usager, nous venons de voir que, bien qu'il puisse à la rigueur se considérer comme mandataire du propriétaire relativement à l'exercice de l'action possessoire, cet exercice est pour lui de faculté, non d'obligation. Il ne peut donc être responsable envers le propriétaire, à raison du défaut d'action ; il ne le serait, sous ce premier rapport, qu'autant que

l'ayant intentée, il y aurait succombé par
dol ou par négligence. Mais il devrait répondre directement du défaut de la dénonciation qu'il est tenu de faire au propriétaire, suivant la loi. (1)

Pour ce qui est de l'usufruitier ou usager,
non - seulement il doit ou exercer l'action
possessoire en son nom, ou dénoncer le
trouble au propriétaire afin que celui - ci
l'exerce lui-même, s'il lui plaît; mais il est
de plus tenu, en cas de refus ou de silence
de la part du propriétaire sur cette dénonciation, de faire toutes les diligences nécessaires pour conserver intacte la possession
de la chose sujette à l'usufruit ou à l'usage,
sous peine de répondre du moindre tort
qu'aurait éprouvé à cet égard le propriétaire par suite de sa négligence la plus légère ; d'où il suit que l'action possessoire
est non-seulement de faculté et de droit pour
lui dans son propre intérêt, mais encore
d'obligation dans l'intérêt du propriétaire,
qui sous le rapport de la possession n'est
lui-même tenu d'aucun acte et d'aucune diligence conservatoire. (2)

---

(1) V. cod. civ., art. 1725.
(2) *Nam fructuarius custodiam præstare debet.* L. 2,
ff. *usufructuarius quemadm. cav.* V. cod. civ., art.
578, 625 et suiv., et sup. n. 79.

SECTION IV.

De l'Action possessoire improprement dite, ou de la Possession imparfaite quant à l'exercice de l'action possessoire.

82. Nous avons dit (1) que la possession parfaite est la seule qui puisse, en règle générale, servir de fondement à l'action possessoire proprement dite ; mais qu'il y a pourtant des cas où la possession même imparfaite suffit pour donner ouverture à une certaine action possessoire que nous avons appelée improprement dite : c'est lorsque les imperfections ou les vices dont la possession est affectée n'existent point relativement à celui qui les allègue, ou en d'autres termes, lorsqu'il n'est pas recevable à s'en prévaloir : *quandò vi, aut clàm, aut precariò, reverà possidemus, sed non ab adversario.* (2)

Il faut entrer à cet égard dans quelques explications.

83. De ce que, pour fonder l'action possessoire, la possession doit consister, comme nous l'avons vu, dans le fait de la détention et dans le droit de propriété ou réel ou présumé ; en d'autres termes, de ce qu'elle doit être à la fois effective et légitime ou

---

(1) V. sup. n. 73.
(2) V. §. 4, instit. *de interd.*

présumée telle, il n'en faut pas conclure
que le demandeur par action possessoire
soit obligé de rapporter la preuve et de ce
fait et de cette légitimité.

Au contraire, ainsi que nous en avons
fait l'observation, il lui suffit de prouver le
fait, pour donner lieu en sa faveur à la
présomption de la légitimité, présomption
juris, qui ne peut être détruite que par la
preuve contraire.

Il n'a donc autre chose à établir que sa
possession de fait, et sa justification consiste à dire : Je possède, parce que je possède ; *possideo, quià possideo.*

La preuve de l'illégitimité de la possession retombe ainsi sur le défendeur à l'action possessoire.

84. Mais il faut bien se garder de croire
que cette preuve de l'illégitimité de la possession puisse être offerte, par toute personne indistinctement, contre celui qui possède même d'une manière imparfaite.

S'il en était ainsi, tout individu quelconque
pourrait en troubler un autre dans sa possession ou l'en dépouiller, sous le prétexte
d'illégitimité ; et que deviendraient alors les
avantages que la loi attache à la possession, soit dans l'intérêt des particuliers,
soit pour le maintien de la paix et de l'ordre
public, en la considérant comme propriété
présumée ?

L'action possessoire a pour objet la revendication de la possession ; elle a donc na-

turellement pour objet une possession liti-
gieuse, une possession contredite respectivement par les parties : autrement il n'y aurait
point de question à juger ; ou du moins la
question ne porterait que sur le fait du trouble
ou de la spoliation, et sous le rapport du droit
de possession réclamé par le demandeur,
il n'y aurait point de contradiction, donc
point de jugement à rendre. De là il faut
conclure que celui-là seul est recevable à
exciper de l'illégitimité de la possession du
demandeur, qui prétend lui-même au droit
de possession.

Qu'importe en effet que le demandeur
qui a été troublé ou dépouillé, ait ou n'ait
pas une possession parfaite, si celui qui l'a
troublé ou dépouillé n'a lui-même ni droit
ni prétention apparente à une possession de
cette nature ?

Si le demandeur ne possède pas légitimement, au moins a-t-il une jouissance actuelle et effective : serait-il juste qu'on l'en
privât pour la donner à son adversaire,
qui dans la supposition n'a d'autre titre que
celui de perturbateur ou de spoliateur ?
serait-il juste qu'on refusât à ce demandeur
la réparation du tort qu'il a souffert par le
fait d'un injuste agresseur ?

Si le demandeur n'a pas une possession
légitime, c'est qu'il a la possession d'un
autre ; mais le défendeur peut-il exciper d'un
droit qui n'est pas le sien ?

Le défendeur en un mot, par là même

qu'il excipe de l'illégitimité de la possession du demandeur, réagit contre ce demandeur; mais cette exception ou action répulsive peut-elle lui appartenir, si elle n'a pas, comme toute autre action, un but d'utilité ou d'intérêt légitime, autrement si elle n'est pas fondée sur un droit qui lui soit propre?

De même donc que la possession parfaite est, aux yeux de la loi, le signe et l'image de la propriété; de même la loi doit voir dans la possession même imparfaite, une image, une présomption de la possession véritable, jusqu'à ce que le contraire soit établi par le légitime contradicteur, c'est-à-dire par celui qui prétend lui-même à la possession. *In pari causâ, potior est causa possidentis.* (1)

Il y a cependant un cas où, pour être légitime contradicteur, on n'a pas besoin de prétendre au droit de possession : c'est lorsque le demandeur n'y prétend pas lui-même, et que la contestation ne roule que sur le simple fait de la possession et du trouble. Les parties sont alors l'une pour l'autre de légitimes contradicteurs; mais cette supposition, loin d'être une exception à notre règle, n'en est que la confirmation. Car, comme dans l'espèce il n'y a de contradiction que sur le fait de la possession, celui des contendans qui est reconnu par le ju-

---

(1) L. 128, ff. *de reg. jur.*; 53 *de acq. vel omitt. possess.*; 5 *si usuf. petat.*; 15 *de except. rei jud.*; *toto tit. uti possidetis*, etc.

gement avoir été troublé ou dépouillé par l'autre, doit obtenir la cessation et la réparation du trouble ou de la spoliation qui sont l'objet de l'action possessoire, et cela comme possesseur reconnu, conséquemment comme possesseur présumé légitime. *Potior est causa possidentis.* (1)

85. Ainsi nous voyons que la possession imparfaite, c'est-à-dire ou incomplète ou même vicieuse, peut servir de fondement à l'action possessoire contre un perturbateur ou spoliateur qui n'a ni ne peut avoir de prétention à la véritable possession ; mais comme cette possession imparfaite n'est qu'une image de la possession véritable, de même l'action qui en résulte n'est qu'une image de la véritable action possessoire : raison pour laquelle nous l'appelons action possessoire improprement dite. Cette différence au surplus n'est que nominale, les deux actions produisant les mêmes effets dans la pratique.

86. Après avoir établi les règles relatives à la possession qui est l'un des deux élémens fondamentaux de l'action possessoire, il nous reste à parler de l'autre, c'est-à-dire du trouble ou de la spoliation.

---

(1) V. dd. LL.

SECTION V.

Du Trouble et de la Spoliation.

87. Le *trouble* s'entend ou d'un fait matériel, ou d'une prétention capable d'ins-
pirer au possesseur la juste crainte ou inquiétude de perdre sa possession.

Si le trouble résulte d'un fait matériel,
comme si une borne a été déplacée, ou un
fonds de terre, un arbre, une haie, un fossé,
une clôture quelconque, usurpés; ou si on a
fait une prise d'eau dans un biez ou autre
cours d'eau; ou si on a ouvert un jour sur
le fonds d'autrui, ou élevé des constructions nouvelles, au préjudice de sa possession, etc.; en tous ces cas et autres semblables, le trouble est appelé *trouble de
fait*, ou *trouble naturel.*

Si par quelque acte judiciaire ou même
extrajudiciaire, on a, soit directement, soit
indirectement, prétendu avoir tel droit de
propriété ou de possession sur l'héritage
d'autrui, ou si on a fait procéder à une saisie ou autre exécution sur le fonds qu'il possède, ou sur les fruits de ce fonds, etc.; c'est
encore là un trouble qu'il a éprouvé, par
l'effet ou de la prétention annoncée, ou de
la voie judiciaire employée, mais qui n'é-
tant qu'une voie régulière, une voie de droit
et non de fait, prend en conséquence le nom
de *trouble de droit* ou *trouble civil.*

88. Quant à la *spoliation* qui ne peut se

concevoir sans violence ou fraude, la distinction entre le trouble naturel et le trouble civil ne s'y applique point ; car elle consiste nécessairement dans un fait illicite qui prive un individu de sa possession.

89. Le trouble, soit de fait ou de droit, donne lieu à l'action en *complainte ;* et la spoliation, à l'action en *réintégrande.*

Mais pour que le trouble ou la spoliation puissent être admis comme motifs de l'une ou de l'autre action, il faut qu'ils ayent été commis nouvellement, c'est-à-dire depuis moins d'une année avant l'instance. Ce principe, consacré par la loi positive, n'est que la conséquence de l'un des caractères fondamentaux de la possession qui, comme nous l'avons vu, doit être annale. (1)

En effet, si le trouble ou la spoliation dont se plaint le demandeur, remontait à plus d'une année avant la plainte, il s'ensuivrait que son adversaire ayant posédé pendant plus d'un an, il ne pourrait lui-même avoir eu cette possession annale qui est nécessaire pour l'exercice de l'action : ou bien si le défendeur ayant eu cette possession depuis plus d'un an par l'effet du trouble ou de la spoliation, l'avait ensuite restituée au demandeur, celui-ci n'aurait plus de plainte à former, et conséquemment plus d'action.

____

(1) V. cod. de proc. civ., art. 23; L. 1, ff. *do vi et vi arm.*

Cette condition d'un trouble ou d'une spoliation nouvellement éprouvés, c'est-à-dire
depuis moins d'un an avant l'action, s'appelle *nouvelleté*, dans le vieux langage de
la pratique.

S.

Corollaire.

90. Ainsi, en nous résumant sur les deux
conditions qui tiennent à la nature de l'action possessoire, et sans revenir sur les cas
dans lesquels la possession imparfaite suffit pour l'autoriser, comme il a été dit à
la section 4 de ce chapitre, nous disons
qu'en thèse générale, pour exercer l'action
possessoire proprement dite, il faut 1° avoir
ou avoir eu la possession civile et caractérisée, la possession complette et parfaite;
2° avoir été troublé ou dépouillé depuis
moins d'un an, c'est-à-dire être dans le cas
d'un trouble nouveau.

En d'autres termes, nous disons que les
fondemens essentiels de l'action possessoire
sont, 1° *la saisine;* 2° *la nouvelleté.*

CHAPITRE VII.

Des Effets de l'interdit possessoire.

91. Pour faire connaître les effets les plus
remarquables de l'interdit possessoire, il
nous suffit de rappeler quelques-uns des principes que nous avons ci-devant établis, et

de noter les conséquences qui en dérivent naturellement.

Ces effets sont à considérer soit relativement au pétitoire, soit relativement aux servitudes non prescriptibles, soit enfin relativement à la compétence du juge du possessoire.

SECTION PREMIÈRE.

Effets du possessoire relativement au pétitoire.

92. Nous avons vu qu'à raison des avantages attachés à la possession soit dans l'intérêt des particuliers, soit dans l'intérêt de la paix publique, la loi la considère comme une présomption de la propriété, et lui donne même la préférence sur ce droit de propriété. (1)

De cette faveur accordée à la possession, il résulte plusieurs conséquences :

1° Le possesseur n'a, comme nous l'avons dit, autre chose à prouver que le fait seul de sa possession (2); au lieu que le demandeur au pétitoire doit établir en droit la légitimité de son action (3) : et, dans le doute, *melior est causa possidentis*. (4)

2° Comme le fait suppose le droit, en cette

____

(1) V. sup. n. 72 et 73.
(2) Ibid.
(3) V. sup. n. 53.
(4) L. 24, ff. *de rei vind.*; 128 *de reg. jur.*, etc.

matière ; si deux personnes se disputent la possession, dans le doute, *melior est causa detinentis*. (1)

3° Si l'action possessoire est dirigée contre le propriétaire, vainement celui-ci opposerait-il son titre comme exception, car il n'a pas plus qu'un autre le droit de troubler le possesseur que la loi présume lui-même véritable et unique propriétaire : et non-seulement il doit souffrir l'action, mais s'il vient à succomber au possessoire, il ne peut être recevable à se pourvoir au pétitoire, qu'après avoir satisfait pleinement à la condamnation prononcée contre lui. (2)

4° Il suit de là que l'action possessoire est préjudicielle à l'action pétitoire, et conséquemment que ces deux actions ne peuvent être cumulées, ni même concourir, la première ayant toujours pour effet de suspendre l'exercice de l'autre, en cas de concurrence. (3)

93. Que si nous voulons nous convaincre encore mieux de l'exactitude de cette dernière conséquence, il nous suffit pour cela d'examiner successivement les seuls cas dans lesquels on puisse supposer la concurrence possible entre les deux actions.

Ces cas sont les suivans : Ou c'est le demandeur, soit au pétitoire, soit au pos-

----

(1) V. sup. n. 84.
(2) V. cod. de proc. civ., art. 27.
(3) Ibid., art. 25, et sup. n. 33.

sessoire, qui veut exercer cumulativement l'autre action ; ou c'est le défendeur, soit au pétitoire, soit au possessoire, qui propose l'autre action par forme d'exception : Or nous disons qu'en aucun de ces cas, il ne peut y avoir, par la nature même des choses, cumulation du pétitoire avec le possessoire.

D'abord cette cumulation est impossible par-devant le même tribunal, puisque le pétitoire appartient exclusivement, comme nous le verrons, au tribunal ordinaire, et le possessoire au tribunal de paix ; ajoutons qu'elle l'est également, même en supposant les deux actions portées chacune devant leurs juges respectifs.

Premier cas : Le demandeur au pétitoire voudrait-il se pourvoir en même temps au possessoire, pour le même objet, et contre le même défendeur? Il est évident que cela ne serait pas en son pouvoir.

Nous avons vu en effet au chapitre 3 ci-devant, que l'action pétitoire ne peut être exercée que contre le véritable possesseur. Ainsi, en agissant au pétitoire, le demandeur a reconnu que la possession de la chose revendiquée appartenait en fait à son adversaire : par où il a reconnu qu'il n'avait pas lui-même cette possession. Mais s'il n'avait pas la possession, il n'avait donc pas l'action possessoire, il était donc non-recevable à l'exercer : sa première demande a donc rendu la seconde absolument inadmissible. (1)

Et si , comme il arrive quelquefois , les deux parties s'étaient trouvées respectivement et simultanément demanderesses au pétitoire ; il se pourrait qu'alors il y eût doute sur le point de savoir laquelle des deux a la possession de fait, et qu'en ce cas la question du possessoire s'élevât incidemment. Mais il n'y aurait encore là aucune cumulation des deux actions ; car le juge devrait renvoyer préjudiciellement au possessoire : ne fût-ce que pour savoir quel sera celui des contendans qui devra jouer le rôle de défendeur dans la cause du pétitoire. (2)

Second cas : Le demandeur au possessoire ne serait de même pas recevable à cumuler le pétitoire. Du moment en effet qu'il se pourvoirait par cette dernière action, re-

---

(1) La loi 18, ff. *de vi et vi arm.*, est contraire à cette décision. Elle admet le dépouillé qui a exercé l'action pétitoire contre le spoliateur, à laisser là cette action pour agir en réintégrande, s'il est encore dans l'année du trouble. Mais d'abord, même dans cette supposition, il n'y aurait point de cumulation des deux actions ; en second lieu, nous ne croyons pas que les principes du droit romain doivent recevoir ici leur application, nos pratiques françaises donnant avec raison une force insurmontable à la reconnaissance faite en justice du droit de l'adversaire, et ayant pour but principal d'éviter la multiplicité ou la complication des procédures.

(2) L. 35, ff. *de acq. vel amitt. possess.*

connaissant par là même dans son adversaire
la qualité de possesseur, comme il vient
d'être dit plus haut, cette reconnaissance
tacite emporterait de sa part le désistement
de toute prétention à la possession, et conséquemment le désistement de l'action possessoire qu'il avait exercée.

Troisième cas : Le défendeur au pétitoire veut-il repousser cette action par l'exception du possessoire? Il le peut sans difficulté ; mais y a-t-il là cumulation des deux
actions? Non. Car encore que le demandeur
au pétitoire ait, si l'on veut le supposer ainsi, un droit de propriété non contestable sur
la chose revendiquée, il ne s'ensuit pas de
là que le défendeur ne puisse avoir ou avoir
eu la possession de cette même chose (1).
Or non-seulement ce droit de possession dis-
tinct et indépendant du droit de propriété
doit être respecté dans la personne du possesseur, à l'égal de celui de propriété dans
la personne du propriétaire (2); mais il obtient même, à raison des avantages qu'il
produit, la préférence sur la propriété elle-
même (3). Il faut donc, en cas de concurrence, que celle-ci cède le pas à la possession qui, comme question préjudicielle, est
alors renvoyée au tribunal de paix, et sus-

____

(1) V. sup. n. 65.
(2) V. disc. prélim., n. 4.
(3) V. n. 72 et 73 sup.

pend le pétitoire, jusqu'à ce que le jugement sur le possessoire ait été rendu.

Mais suffit-il que le jugement au possessoire ait été rendu, pour qu'on puisse en ce cas reprendre l'instance au pétitoire, et ne faut-il pas de plus que ce jugement ait été complettement exécuté par la partie condamnée? Il y a une première distinction à faire : si c'est le défendeur au pétitoire qui a succombé sur sa demande incidente au possessoire, nul doute que son adversaire ne puisse, s'il le juge à propos, reprendre contre lui la question du pétitoire, aussitôt après le jugement rendu au possessoire. Si c'est au contraire le demandeur au pétitoire qui a été condamné sur le possessoire incident, nous devons conclure, à ce qu'il semble, de l'art. 27 du code de procédure civile, qu'il ne peut reprendre le pétitoire, si l'adversaire l'exige, qu'après avoir satisfait pleinement aux adjudications prononcées contre lui par le juge du possessoire.

Peut-être cependant nous opposera-t-on un arrêt de la cour d'appel de Riom du 29 juin 1809, rapporté par le sieur Sirey au tom. 15 de son recueil, deuxième partie, pag. 147, qui a jugé que l'art. 27 du code de procédure ne s'applique point au cas de la reprise d'une instance précédemment liée sur le pétitoire.

A cela deux réponses, savoir : 1º Que notre hypothèse n'est pas précisément la même que celle qu'a jugée l'arrêt cité ; et

2° Que même dans cette dernière espèce,
il nous paraît douteux qu'on doive admettre
le système que la cour de Riom a préféré.

D'abord l'espèce soumise à la cour de
Riom était celle-ci : Une commune et un
particulier plaidaient depuis plus de cent
ans au pétitoire. Dans l'intervalle, celui-
ci avait changé l'état des lieux contentieux.
Instance au possessoire, jugement de condamnation contre lui. La liquidation des
adjudications qu'il avait essuyées étant de
nature à traîner en longueur, il avait repris
son instance au pétitoire, dans laquelle la
commune voulait le faire déclarer non-recevable, tant qu'il n'avait pas exécuté le
jugement au possessoire. Ici l'on voit que
la question du possessoire n'était point,
comme dans notre hypothèse, une exception contre la demande au pétitoire, mais
un simple épisode qui ne se liait à cette
demande que d'une manière éloignée et
presque indépendante : raison pourquoi la
cour de Riom avait pu l'en séparer, dans
la crainte peut-être que les retards de la
liquidation des dommages-intérêts prononc-
cés au possessoire ne compromissent au
pétitoire les droits de la partie condamnée,
et ne fissent péricliter ses titres ou ses
preuves dans une vieille instance qui avait
déjà duré plus d'un siècle.

Nous supposons au contraire qu'assigné
au pétitoire, le défendeur propose l'exception du possessoire qui se lie ainsi directement à la demande principale, et met le

demandeur en quelque sorte dans la même position que s'il n'eût pas encore agi au pétitoire. Les espèces sont donc très différentes..

Il nous semble d'ailleurs que, même malgré cette différence, il y a pareille raison dans les deux cas, d'appliquer l'art. 27 du code. En effet on est d'accord dans l'une et l'autre supposition, que la question du possessoire devient préjudicielle et suspensive; et pourquoi? parce qu'elle ne peut se cumuler avec celle du pétitoire, suivant la règle portée par l'art. 25 du même code. Or, les art. 26 et 27 ne sont très certainement que le développement et la conséquence de cette règle. Puisqu'on admet donc le principe, il est force d'en admettre toutes les applications, sur-tout celles que la loi a faites elle-même dans tous les cas sans distinction; et cela est d'autant plus nécessaire, que le décider autrement, c'est s'écarter non-seulement du texte, mais de l'esprit de la loi en cette matière.

Si la loi défend de cumuler le pétitoire et le possessoire, si elle rend celui-ci préjudiciel et suspensif dans toutes les hypothèses, n'est-ce pas à raison des avantages que trouve la société à maintenir la possession intacte? C'est donc aussi pour parvenir à ce but salutaire qu'elle prononce, pour ainsi dire à titre de peine, la défense au perturbateur condamné, d'exercer son action de propriété avant d'avoir rétabli les choses au point où elles étaient avant le trouble qu'il a causé.

Cela posé, qu'importe qu'il ait commis son entreprise ou avant ou pendant l'instance liée sur le pétitoire? Dans l'un comme dans l'autre cas, cette entreprise est également condamnable, elle entraîne des inconvéniens égaux : elle doit donc être soumise à la même disposition pénale. (1)

Concluons de là que le possessoire incident à une instance sur le pétitoire, suspend cette instance, dans toutes les hypothèses, jusqu'à ce que le jugement au possessoire ait été rendu ; et que si le demandeur au pétitoire a été condamné par ce jugement, il ne peut reprendre son action qu'après avoir satisfait complétement aux adjudications principales et accessoires qui ont été prononcées contre lui par ce même jugement. (2)

Quatrième cas : Suppose-t-on enfin que c'est le défendeur à l'action possessoire qui veut exciper du pétitoire ? Remarquons d'abord qu'il y a un cas où il le peut, et un autre où il ne le peut pas. Il le peut contre l'action possessoire improprement dite, c'est-à-dire lorsque l'action possessoire est fondée sur une possession imparfaite de la part du demandeur ; car si la propriété doit céder à la possession, c'est uniquement à la possession véritable, et non point à une

---

(1) *Ubi eadem ratio, ibi jus idem.*
(2) Cod. jud., art. 27.

possession incomplette ou vicieuse. Qu'a fait effectivement le propriétaire en troublant ou dépouillant le possesseur illégitime de son bien ? Il n'a fait que reprendre ce qui est à lui, et n'a pu porter aucune atteinte à la possession de son adversaire qui n'avait pas une possession propre, mais qui possédait pour lui propriétaire. Le tort qu'il a eu de se rendre justice à lui-même n'a donc pu donner lieu contre lui qu'à une action personnelle en dédommagement, et non pas à l'action possessoire. L'exception du pétitoire est donc très valable de sa part contre l'action possessoire que lui a intentée ce possesseur illégitime ou imparfait. (1)

Si au contraire le possessoire est fondé sur une possession reconnue ou vérifiée parfaite, il suit des mêmes principes que le défendeur ne peut pas se pourvoir au pétitoire par forme d'exception. (2)

Or, il est clair que dans aucun de ces deux cas il ne peut y avoir cumulation des deux actions : puisque dans l'un, l'exception fait tomber l'action ; et que dans l'autre, l'action rend l'exception non recevable.

SECTION II.

Effets du possessoire relativement aux servitudes imprescriptibles.

94. Nous avons dit que l'un des carac-

____

(1) V. sup. n. 62 et 77.
(2) Ibid. n. 72, 73, 92.

tères de la possession parfaite qui seule
lonne ouverture à l'action possessoire proprement dite , consiste en ce que la chose
so t prescriptible de sa nature (1) : d'où il
suit que quel que soit l'objet matériel de
l'action, ou une chose corporelle ou un droit
incorporel , la prescriptibilité de cet objet
est en général une condition nécessaire ,
pour rendre recevable cette action possessoire proprement dite. (2)

Observons néanmoins que si la règle est
sans exception, en ce qui concerne les choses
corporelles, il y a quelques distinctions à
faire au sujet des servitudes qui sont des
droits incorporels.

95. Que les servitudes continues et apparentes puissent être l'objet d'une revendication possessoire , cela ne souffre aucune difficulté, puisqu'elles peuvent s'acquérir par la
prescription. (3)

Mais on conçoit qu'il en doit être autrement des servitudes continues non apparentes, et des servitudes discontinues apparentes ou non apparentes.

La loi les déclare en effet imprescriptibles (4), et cela par une raison sensible,

---

(1) V. sup. n. 74.
(2) Cette condition manquant, la possession serait
imparfaite , et ne pourrait donner lieu qu'à l'action
possessoire improprement dite , dans les cas et suivant les règles dont il a été parlé dans la sect. 4 du
chap. précédent. V. sup. n. 82 et suiv.
(3) V. cod. civ., art. 690.
(4) Ibid., art. 691.

savoir : qu'elles ne sont point susceptibles par leur nature d'une véritable possession, mais seulement les premières d'une possession *clandestine*, et les secondes d'une possession *non continue*. Or nous savons que le vice de la clandestinité ou le défaut de continuité dans la possession, est exclusif de toute présomption de propriété. La possession des servitudes continues non apparentes, et des servitudes discontinues apparentes ou non, n'est donc qu'une possession imparfaite, c'est-à-dire viciée dans le premier cas par la présomption d'usurpation de la part du possesseur, et dans le second par la présomption de tolérance de la part du propriétaire (1). Elle ne peut donc en cet état servir de base à la véritable action possessoire, à celle que nous avons appelée proprement dite.

96. Cependant si, par l'effet de quelques circonstances qu'on peut facilement supposer, il était vérifié que la possession de ces espèces de servitudes, loin d'être incomplette ou vicieuse, est au contraire parfaite et légitime ; alors il faudrait les ranger parmi les servitudes prescriptibles, puisqu'elles auraient été possédées avec l'esprit et l'intention de la propriété, et conséquemment parmi les servitudes qui donnent lieu à la véritable action possessoire.

Supposons par exemple que le possesseur

____

(1) V. sup. n. 74 et 75.

d'une servitude continue non apparente, ou
d'une servitude discontinue, représente à
l'appui de son action un titre de propriété ;
pourra-t-on l'y faire déclarer non-recevable,
sous prétexte que cette servitude est imprescriptible suivant la loi ? Non sans doute, car
s'il était propriétaire de la servitude, il s'ensuit qu'il l'a légitimement possédée à titre
de propriétaire ; et comme la preuve de cette
légitime possession résulte d'un titre formel, il ne peut plus y avoir lieu à aucune
présomption contraire : or, qui a la possession parfaite et légitime *animo domini*, a
par là même l'action possessoire proprement dite. (1)

97. Les mêmes inductions s'applique-
raient au cas où, à défaut d'un titre de propriété, le demandeur pourrait se prévaloir
d'une possession de trente ans reconnue acquise antérieurement à la publication du
code civil, dans les pays où, comme en
Bourgogne et autres provinces de droit écrit,
les servitudes de tout genre s'acquéraient
par la prescription : c'est ce qui résulte positivement de l'art. 691 du code civil, et des
principes de la matière suivant lesquels la
prescription acquise équivaut à un titre,
habet vim constituti. C'est aussi ce qui a
été jugé implicitement par un arrêt de la
cour de cassation, du 3 octobre 1814. (2)

____

(1) V. sup. n. 73.
(2) V. le recueil du sieur Sirey, tom. 15, 1re
partie, pag. 145.

98. Mais que faudrait-il décider par rapport aux servitudes non apparentes ou discontinues que la loi a elle-même établies (1)? Il est clair que nous ne parlons pas ici des servitudes établies pour l'utilité publique ou communale, lesquelles par leur nature ne sont pas susceptibles d'une possession privée.

A l'égard des servitudes légales particulières, peut-on dire que la loi qui les établit, forme un titre positif de propriété en faveur de celui qui doit en jouir; ou doit-on s'en tenir à la lettre de l'art. 691 du code civil, qui déclare indistinctement les servitudes occultes ou discontinues non prescriptibles?

Si l'on s'en rapporte à l'autorité des jurisconsultes soit anciens, soit modernes, il ne paraît pas douteux qu'on ne doive décider la question dans le premier de ces deux sens; mais la jurisprudence un peu vacillante de la cour de cassation a pu donner lieu sur ce point à quelque hésitation, que ses derniers arrêts ont enfin totalement dissipée. (2)

La cour de cassation a probablement re-

____

(1) V. cod. civ., art. 649 et suiv.

(2) V. ces divers arrêts dans le recueil Sirey, tom. 12, 1ᵉʳᵉ partie, pag. 298; tom. 13, pag. 463; tom. 15, pag. 120 et 239; et tom. 16, pag. 225. *Nota :* Les servitudes légales de mitoyenneté, de contre-mur, de vue et d'égout, sont continues et apparentes. Il n'y a que celle de passage pour cause d'enclave qui soit discontinue; c'est d'elle seule que nous parlons ici.

connu qu'en se retranchant, comme elle l'avait fait d'abord, dans le texte littéral de l'art. 691 du code, elle s'était écartée du véritable esprit de cet article; en conséquence elle a pensé, avec beaucoup de raison, que si le législateur a cru devoir assujettir de plein droit quelques propriétés à d'autres, c'est parce qu'il a dû croire qu'originairement la nécessité des choses avait forcé les propriétaires eux-mêmes à convenir entre eux de cet assujettissement. Ainsi les servitudes légales sont fondées sur l'existence présumée d'une convention primitivement faite, présomption *juris et de jure* qui équivaut à la représentation du titre même; ainsi se prévaloir de la loi à cet égard, c'est se prévaloir d'un titre de propriété : ainsi la possession des servitudes légales est caractérisée à titre de propriétaire; elle est civile et parfaite, et suffit conséquemment pour légitimer la véritable action possessoire.

99. On devrait encore admettre l'action possessoire de la part de celui qui n'ayant aucun titre de propriété soit réel, soit présumé, se prévaudrait, pour légitimer son action, de travaux apparens qui auraient été faits depuis plus d'une année sur l'héritage de son adversaire, dans la vue d'user de la servitude continue non apparente ou discontinue. En effet ces constructions de main d'homme sur le fonds asservi ont rendu la servitude apparente et continue; elles ont annoncé par des signes non équivoques l'intention de la

posséder comme maître : la possession a
dès-lors acquis les caractères qui la constituent civile et véritable, et toute présomption d'illégitimité a cessé par le fait même.
C'est là une véritable interversion, dans le
sens de l'art. 2238 du code civil.

100. Y aurait-il de même lieu d'admettre
l'action du possesseur de la servitude oc-
culte ou discontinue, si n'ayant ni titre à
représenter, ni travaux apparens à faire valoir, il se fondait seulement sur des déclarations judiciaires ou autres par lui faites
depuis plus d'un an au propriétaire de l'héritage, et annonçant de sa part l'intention
formelle d'user de la servitude à titre de
maître ?

On dirait pour l'affirmative que les déclarations dont il s'agit ont changé la nature de la possession, qu'elles l'ont rendue
civile et véritable, de précaire ou vicieuse
qu'elle était suivant la loi ; qu'elles ont,
comme dans l'espèce précédente, interverti
cette possession, en opposant une contradiction formelle au droit du propriétaire
de l'héritage, ce qui est le cas prévu par
le même article 2238 du code.

Mais les raisons pour la négative sont
de beaucoup préférables : c'est d'une part
que de simples significations, qui peuvent
même n'avoir pas été fidellement remises
par l'huissier, n'ont pu changer en fait la
nature de la servitude ; et que d'autre part,
comme elles ne peuvent être un moyen légal

d'acquérir ou d'établir la propriété de la servitude, elles ne peuvent conséquemment suffire pour la faire présumer. (1)

Remarquons en effet qu'admettre le système contraire, ce serait dénaturer la loi, et rendre nulle sa prohibition. Car enfin si l'action possessoire pouvait être autorisée par des déclarations de cette nature, celui qui sans titre posséderait une servitude imprescriptible, parviendrait à s'y perpétuer, c'est-à-dire à s'en rendre effectivement propriétaire, en renouvelant cette action possessoire, toutes les fois que le propriétaire du fonds voudrait l'empêcher d'en user. Ainsi, malgré la loi, il acquerrait sans titre la propriété d'une servitude qui ne peut s'établir que par titre; ou bien, ce qui serait également contraire à toute justice et à toute raison, il acquerrait cette propriété par de simples déclarations qui seraient des titres fabriqués par lui-même. (2)

101. Concluons de là que pour rendre l'action possessoire recevable par rapport aux servitudes non apparentes ou discontinues, il faut ou un titre soit réel, soit implicite ou présumé qui établisse la légitimité de la possession, ou la construction de travaux qui ayent rendu la servitude

-----

(1) V. cod. civ., art. 691. Ces déclarations annoncent, si l'on veut, l'intention de la propriété, mais elles ne suffisent pas pour en prouver la légitimité.

(2) V. ibid. et art. 2238 et 2240.

continue et apparente, c'est-à-dire prescriptible; mais qu'à part ces deux exceptions, l'action ne peut avoir pour objet une servitude de cette nature. Prenons garde cependant d'étendre notre règle au-delà de ses justes bornes.

102. Quand nous disons que l'action possessoire n'est pas en général recevable par rapport aux servitudes imprescriptibles, cela doit s'entendre de la part de celui qui veut conserver ou reprendre la jouissance de la servitude, et non pas de la part de celui qui entend se libérer de la servitude.

Si en effet, d'après l'article 691 du code civil, on ne peut acquérir par la possession la propriété des servitudes occultes ou discontinues, on peut en acquérir l'affranchissement par la posséssion, suivant l'art. 707 du même code.

Ainsi la franchise de la servitude est un droit qui tombe en véritable possession : d'où il suit que si le propriétaire du fonds asservi a véritablement possédé depuis plus d'un an la franchise de ce fonds, et qu'il soit troublé dans sa possession de franchise, même par celui qui a la propriété de la servitude, il est recevable à exercer contre lui la complainte possessoire, soit que le trouble ait été causé par une voie de fait, ou qu'il l'ait été par une voie de droit, autre toutefois que l'action confessoire qui est l'action pétitoire incorporelle.

SECTION III.

Effets du possessoire, par rapport à la compétence du juge.

103. Si l'action possessoire que nous avons dit être mixte (1), se dirigeait par les principes relatifs aux actions de cette nature, on pourrait l'intenter indistinctement ou par-devant le tribunal du domicile du défendeur, ou par-devant celui de la situation de l'objet litigieux ; c'est ce que nous verrons dans le chapitre suivant, où nous traiterons des actions mixtes.

Si elle se confondait dans la classe des actions réelles immobilières qui tiennent à la propriété, elle devrait être portée par-devant le tribunal civil ordinaire, ou tribunal d'arrondissement. (2)

Mais l'action possessoire a son caractère propre, et conséquemment ses règles particulières relativement à la juridiction. Son effet, comme son but principal, c'est d'assurer la paix publique, en maintenant chacun dans la possession dont il jouit. La loi a dû conséquemment en attribuer la connaissance exclusive aux tribunaux de paix ou tribunaux civils cantonnaux, qu'elle a spécialement chargés de prévenir ou d'éteindre les contestations, et d'entretenir ou de rétablir l'union entre les citoyens.

____

(1) V. sup. n. 64.
(2) V. le traité de l'organisation judiciaire ci-après.

Par suite du même principe, la loi a dû donner cette attribution exclusive au juge de paix de la situation de l'objet litigieux, attendu que ce juge est en général plus à portée que tout autre de s'assurer du trouble et d'en déterminer justement la réparation.

C'est en effet ce que décident, comme nous le verrons, et la loi du 24 août 1790 qui a établi les justices de paix en France, et le code de procédure civile qui a réglé l'instruction des affaires par-devant ces sortes de justices. (1)

104. Ainsi la question du possessoire étant exclusivement de la compétence des juges de paix, il s'ensuit que, même dans le cas où le trouble aurait été causé par un prétendant droit en vertu d'un acte administratif, espèce d'acte dont l'interprétation n'appartient point aux tribunaux, ainsi que nous l'établirons dans le traité de l'organisation judiciaire, le juge de paix n'en devrait pas moins connaître de l'action possessoire, vu qu'elle est indépendante, par sa nature, de tout examen et de toute discussion de titres. Un décret du 24 mars 1806, rapporté dans le nouveau répertoire au mot complainte, contient à ce sujet une disposition précise. (2)

105. Une seconde conséquence est, que si l'action possessoire s'élève incidemment dans

____

(1) V. art. 3 du cod. jud.; et art. 10, tit. 3, loi 24 août 1790.

(2) V. encore Sirey 1816, 2ᵉ part., p. 395.

le cours d'une instance civile devant le tribunal ordinaire, elle doit être renvoyée par ce tribunal à la justice de paix.

Pour l'opinion contraire, on pourrait dire 1° que la justice de paix n'est qu'une justice d'émanation, c'est-à-dire que ses attributions émanent originairement et ont été distraites de la justice ordinaire; 2° qu'il est de règle, en matière d'actions incidentes, qu'elles appartiennent par connexité au tribunal saisi du procès au fond.

Mais la raison de décider se tire de ce qu'il n'y a jamais de connexité intime entre le possessoire et le pétitoire, vu que, comme nous l'avons dit (1), le premier est toujours préjudiciel et suspensif de l'autre, en cas de concurrence; elle se tire d'ailleurs de ce que la prorogation ou l'extension des attributions matérielles des tribunaux ne peut résulter que de la loi : or il n'y a point de loi qui ordonne ou permette en aucun cas au tribunal ordinaire de prononcer sur la question du possessoire. (2)

CHAPITRE VIII.

De l'Action mixte.

106. L'action mixte est celle par laquelle nous demandons en même temps et indivi-

---

(1) V. sup. n. 33.

(2) Sur la prorogation, voyez ci-après le traité de la compétence,

siblement ce qui nous appartient et ce qui nous est dû ; c'est-à-dire celle par laquelle nous ne pouvons revendiquer notre chose sans demander l'exécution d'un engagement, ou demander l'exécution d'un engagement sans revendiquer notre chose, par les seules et mêmes conclusions.

A raison de cette double nature à la fois personnelle et réelle, l'action mixte offre au premier aperçu quelque chose de vague et d'incertain qui la rend assez difficile à distinguer ; et cette difficulté s'augmente encore par la confusion qu'y ont jetée les lois romaines et les docteurs, en donnant le nom d'actions mixtes à des actions qui ne sont pas telles à la fois par leur nature et par leur objet, par exemple à cette espèce d'actions qu'ils ont appelées *personales in rem scriptae*, et dont nous tâcherons ci-après de déterminer la véritable nature. (1)

107. Il est pourtant fort nécessaire de se faire une idée nette et précise de l'action mixte, vu que la loi lui donne dans la pratique un effet qui lui est propre, savoir : que le demandeur peut la porter à son choix ou devant le tribunal de la situation de la

______

(1) La confusion s'est accrue encore par les erreurs de la jurisprudence dont nous nous proposons de signaler deux seulement qui nous ont paru très saillantes, ce que nous ferons avec la juste défiance que nous avons de nous-mêmes, et sans sortir du respect que nous devons à la magistrature. V. ci-après chap. 10, sect. 1, n. 123 et suiv.

chose, ou devant celui du domicile du défendeur.

Cette alternative paraît être effectivement la conséquence naturelle du double caractère de l'action mixte.

Mais en y regardant de plus près, on peut concevoir que d'une part cette conséquence n'est pas sans quelques inconvéniens, que d'autre part elle n'est pas d'une nécessité rigoureuse.

108. D'abord ce n'est pas un léger inconvénient que la complication de principes et d'effets qui dérive de cette nature ambiguë de l'action mixte; car on ne saurait mettre trop de simplicité dans la théorie, et sur-tout dans la pratique des règles judiciaires.

D'un autre côté, on ne peut donner au demandeur contre le défendeur l'avantage du choix entre deux tribunaux pour une seule et même action, sans s'écarter du principe si fidellement suivi d'ailleurs, que toute la faveur des lois est due à la défense, non à l'attaque.

Quelle nécessité y a-t-il enfin d'admettre ces résultats désavantageux, quand on songe que de toutes les actions mixtes il n'en est peut-être pas une qui, comme le dit Voët, ne présente un caractère prédominant ou pour la personnalité ou pour la réalité? Qui ne sent, par exemple, que l'action en partage est plutôt réelle que personnelle, comme prenant sa source dans le droit qui appartient à chacun des cohéritiers ou communiers sur sa portion de la succession ou de la chose commune, *jus in re*, plutôt que dans le quasi-contrat de communauté résultant du seul fait de la possession commune et indivise entre eux, *jus ad rem?* L'action en bornage pourrait aussi être qualifiée réelle, comme ayant pour but de recouvrer par le bornage la portion de notre héritage que le voisin a pu comprendre dans le sien : tel est le sentiment de Voët qui reconnaît cette prédominance de la réalité dans les actions en partage et en bornage, aussi bien que dans l'action en pétition d'hérédité qui est purement réelle, et non pas mixte, quoi qu'en disent les lois romaines et les docteurs. (1)

D'autres commentateurs, et notamment Vinnius, prétendent que les actions en bornage et en partage sont plutôt personnelles que réelles, comme dérivant l'une et l'autre du quasi-contrat de voisinage ou de communauté, et comme pouvant être exercées par le possesseur, etc. (2)

Ainsi les auteurs ne sont point d'accord sur celui des deux caractères qui prédomine dans les actions dont nous parlons, mais du moins sont-ils d'accord qu'il y en a un de prédominant; si donc ils persistent des deux parts à les qualifier actions mixtes, ce ne peut être que par la force du préjugé,

---

(1) V. instit. de Voët, pag. 164 et 191.
(2) V. instit. de Vinnius, p. 863.

et par respect pour les textes du droit romain
qui leur donnent effectivement cette qualification, ainsi qu'à beaucoup d'autres qui
la méritent encore moins.

On peut même dire que c'est en quelque
sorte à regret, que Vinnius adopte la classe
des actions mixtes. Car non-seulement il a
soin de nous rappeler que les anciens jurisconsultes romains n'en reconnaissaient
pas de ce genre (1); mais il combat cette
même distinction avec assez de force, pour
qu'Heineccius croie devoir le réfuter par
cette raison principalement, qu'en cela il
s'élève contre les lois. (2)

109. Quoi qu'il en soit, on peut concevoir que, dans les usages du droit romain, il
y ait eu nécessité de faire de l'action mixte
une classe particulière, ne fût-ce qu'à raison du délai de la prescription, qui était
fixé par les lois à dix ou vingt ans pour l'action réelle, et à trente pour l'action personnelle ou mixte. (3)

Mais cette raison n'existe plus en France,
l'article 2262 de notre code civil ayant établi la même prescription de trente ans pour
toutes les différentes espèces d'actions, soit
personnelles, soit réelles. (4)

____

(1) V. ibid.
(2) V. ibid. et 864.
(3) V. notamment sur l'action en pétition d'hérédité, la L. 7, C. *de petit. hæred.*
(4) *Nota benè :* Par exception à la règle générale
qui se trouve dans l'art. 2262 du code, il y a des

110. Observons en outre qu'on voit d'autant moins l'utilité qu'il peut y avoir de conserver dans nos pratiques les actions mixtes, que nos législateurs ont cru avec raison devoir fixer la juridiction du tribunal qui doit connaître de la plupart d'entre elles, et en conséquence les priver pour la plupart de cet effet alternatif qui derive, comme nous le disions plus haut, de leur double qualité.

111. En dernière analyse, il nous semble que la suppression des actions mixtes pourrait offrir de l'avantage, ne fût-ce que de couper à la racine l'une des grandes subtilités du droit.

Telles étaient sans doute les vues de Mr Thouret, lorsqu'il proposait à l'assemblée constituante d'abroger cette classe d'actions (1). Il est vrai qu'en même temps il voulait qu'on donnât au demandeur par action réelle le choix du tribunal du domicile ou de celui de la situation (2); en quoi il commettait, selon nous, une erreur, vu

prescriptions particulières qui résultent d'autres articles du même code. Par exemple, la revendication mobilière se prescrit par trois ans. V. art. 2279. Les actions de privilége et hypothèque se prescrivent suivant les distinctions portées dans l'art. 2180 4°, etc., etc. Mais outre que l'exception ne fait que confirmer la règle générale, il est à remarquer encore que la règle et l'exception s'appliquent indistinctement aux actions personnelles et réelles.

(1) V. le projet de code jud. de Thouret, tit. 2, art. 6.

(2) V. ibid., art. 4.

que le lieu de la situation est indubitablement le plus convenable pour la discussion
de l'action réelle. Toujours est-il certain
que cette innovation tendait à élaguer les
difficultés théoriques de l'action mixte.

112. Au surplus, et sans insister davantage sur des réflexions que nous n'avons
cru devoir hasarder, que parce qu'elles nous
ont paru dignes de l'attention du législateur; hâtons-nous d'en revenir à notre objet, qui est de rechercher quels sont les véritables caractères d'après lesquels on peut
distinguer l'action mixte.

Nous examinerons d'abord le sentiment
des jurisconsultes sur l'action mixte; nous
verrons ensuite quels sont les principes qui
doivent servir à caractériser ce genre d'action.

CHAPITRE IX.

Du sentiment des Jurisconsultes sur l'action mixte.

113. Justinien, dans ses institutes, ne
donne la qualification d'actions mixtes
qu'aux actions en bornage ou en partage;
et il ne les appelle ainsi, que parce que,
dans le cas où le juge ne peut parvenir
exactement à la désignation de la part respective de chacun des contendans, il adjuge
à l'un contre l'autre quelques prestations

personnelles par forme de dédommagement. (1)

Quelques jurisconsultes romains en donnent une autre raison; c'est que dans les
actions en partage ou en bornage, les deux
parties sont en même temps demanderesses
et défenderesses, vu qu'avant l'opération
terminée, aucune des deux ne peut désigner ce qu'elle a le droit de revendiquer
dans le fonds commun ou contigu. (2)

Enfin la plupart des docteurs s'accordent
à proposer pour unique motif de cette dénomination des actions en bornage ou en
partage, qu'elles sont réelles par leur objet,
et personnelles par les demandes en restitution de fruits ou autres prestations qui les
accompagnent presque toujours (3) : ce qui
rentre, à peu de chose près, dans le système
de Justinien.

114. Au premier coup d'œil on est frappé
de la divergence, de l'incertitude et du
vague qui règnent dans ces explications que
nous donnent les lois et les auteurs.

Si l'on fait ensuite réflexion que pour qualifier une chose et pour la définir, ce n'est
point aux circonstances accessoires ou accidentelles qui s'y appliquent, mais à ses
élémens essentiels, à son caractère fonda-

---

(1) V. §. 20 , instit. , *de actionib.*
(2) V. L. 37, ff. *de oblig. et actionib.*
(3) V. les tit. au ff. et au C. *famil. ercisc. et comm,
divid.*, et tous les commentateurs.

mental qu'il faut s'attacher ; on penche de plus en plus à rejeter ces mêmes explications.

115. D'abord, que les deux parties soient à la fois demanderesses et défenderesses dans les actions en bornage et en partage, comme le dit la loi 37, *de oblig. et act.*, ce n'est là qu'une subtilité qui ne peut convenir à nos usages. Il n'y a en effet qu'un de-deur dans ces espèces d'actions, comme dans toutes les autres ; c'est celui qui a ouvert l'instance (1). Le défendeur n'a rien à de-mander, si ce n'est son renvoi de cette ins-tance, (fondé par exemple sur ce que le bornage ou le partage est impraticable, selon lui, ou qu'il n'est pas nécessaire ou pas utile, etc.) Autrement, et si ce défendeur était d'accord de l'opération, il n'y aurait point de procès.

Qu'importe encore que les droits de chacune des parties sur les fonds indivis ne puissent être désignés que par le résultat du bornage ou du partage ? Il suit de là seulement que la revendication du demandeur est indéterminée ; mais il ne s'ensuit pas qu'il y ait revendication mutuelle et réciproque entre les parties. Au surplus l'explication de la loi 37, *de oblig. et act.*, n'est admise que par un petit nombre de commentateurs.

116. La plus généralement adoptée est celle que les docteurs ont déduite des prin-

____

(1) V. L. 13 et 20, ff. *de jud.*

cipes posés par Justinien, et que nous avons rapportée plus haut; mais il est de même facile d'en faire sentir l'insuffisance. (1)

En effet, 1° de ce que, dans le cas de l'impossibilité d'un partage ou d'un bornage exact en nature, le juge peut prononcer des adjudications personnelles appelées *soultes* (du mot *soluta*, *soluta pecunia*, somme payée); il n'y a rien à en conclure pour déterminer la nature de l'action en bornage ou en partage, qui ne peut être ou personnelle, ou réelle, ou mixte, que par elle-même, et non par l'effet du jugement.

2° De ce que des demandes en prestations personnelles accompagnent presque toujours, explicitement ou implicitement, l'action mixte, il s'ensuit seulement que ces prestations en sont le plus souvent l'accessoire; mais l'accessoire ne fait que suivre le sort du principal, et n'en détermine point la nature. (2)

Remarquons de plus que les auteurs s'accordent tous à restreindre le nombre des actions mixtes, plusieurs d'entre eux ne reconnaissant pour telles, d'après les institutes de Justinien, que les actions en bornage et en partage : en quoi il nous semble évident qu'ils se mettent en contradiction avec eux-mêmes.

---

(1) V. Vinnius, ubi suprà.
(2) V. L. 129 et 178, ff. *de reg. jur.*; L. 19 *da auro et arg.*, etc.

Car enfin si le mélange des demandes personnelles à la revendication doit suffire pour caractériser l'action mixte, non-seulement on ne doit pas réduire les actions de ce genre aux seules actions en bornage ou en partage; mais il est même impossible d'en limiter le nombre, vu qu'il n'y a presqu'aucune revendication qui ne soit accompagnée de demandes en restitution de fruits, ou réparation de dommages, ou autres de cette nature, lesquelles sont toutes personnelles.

Il est donc nécessaire, pour connaître limitativement ce qu'on entend par l'action mixte, de s'attacher à d'autres règles.

CHAPITRE X.

Des Élémens qui doivent servir à caractériser l'action mixte.

117. Une action n'est proprement appelée mixte, que parce qu'elle tient substantiellement de la nature de chacune des deux autres actions, la personnelle et la réelle.

Nous disons *substantiellement;* car la saine logique nous apprend, et nous ne pouvons trop répéter, que ce n'est ni à de vaines apparences, ni à des circonstances accidentelles, mais à l'objet direct et à la nature d'une action qu'il faut principalement s'arrêter, si l'on veut parvenir à la connaître distinctement, sans équivoque, sans confusion.

Ajoutons que ce principe est ici d'une

application d'autant plus rigoureuse, qu'on
ne pourrait sans beaucoup d'inconvéniens
étendre la classe des actions mixtes, la
règle générale étant d'attacher à cette espèce
d'actions un double effet que ne comporte
aucune des deux autres espèces. (1)

Cela posé, il est facile de nous convaincre,
1° que le plus souvent une action peut paraître personnelle et réelle tout ensemble,
sans l'être effectivement; 2° que quelquefois
elle peut être effectivement personnelle-
réelle, sans être mixte..

SECTION PREMIÈRE.

Des fausses apparences qui pourraient faire juger l'action personnelle-réelle.

118. Il arrive le plus souvent qu'une action semble au premier coup d'œil personnelle et réelle, ou réelle et personnelle, quoiqu'elle ne soit que personnelle seulement ou
réelle seulement, comme on peut le voir
par les exemples qui suivent.

119. PREMIER EXEMPLE : On a stipulé
dans un contrat de vente le pacte de réméré, c'est-à-dire la clause par laquelle le
vendeur se réserve de reprendre l'immeuble
dans tel délai, en remboursant à l'acquéreur le prix de la vente et les frais acces-

---

(1) Cod. de proc. civ., art. 59.

soires (1); ou bien le pacte commissoire,
c'est-à-dire la clause par laquelle le vendeur
s'est réservé de reprendre l'immeuble, à défaut du payement du prix dans tel délai. (2)

Dans l'un ou l'autre cas, de quelle nature
est l'action qui appartient au vendeur pour
obtenir le relâchement de cet immeuble?

On pourrait croire que redevenu propriétaire par l'effet de la clause, il revendique
sa propriété contre l'acquéreur qui la possède, et doit la rendre en vertu du contrat : ainsi l'action paraît réelle, comme dérivant du droit de propriété ; et personnelle,
comme prenant sa source dans une obligation.

Mais au fond, il est facile de voir que
l'action n'est que personnelle. Est-ce en
effet le droit de propriété qui fonde ici
l'action du vendeur? Assurément non, puisque par la vente il avait transmis ce droit
de propriété à l'acheteur (3). D'où résulte
donc son action? De la stipulation seulement : et quel en est l'objet direct? C'est
d'obtenir l'exécution du pacte en vertu duquel il doit recouvrer la propriété de l'objet
vendu.

Peut-être objectera-t-on que si l'action
dont nous parlons n'est effectivement que
personnelle à l'égard de l'acheteur, comme

---

(1) Code civil, art. 1659 et 1673.
(2) Ibid., art. 1183.
(3) Ibid., art. 1583.

résultante de son obligation; tout au moins doit-elle être jugée personnelle - réelle, en ce sens qu'elle peut aussi être exercée par le vendeur contre les tiers détenteurs. Ainsi, dira-t-on, elle est personnelle contre le premier acquéreur, et réelle contre les tiers. (1)

A cela je réponds d'abord qu'en admettant cette distinction, l'action ne serait pas encore personnelle - réelle tout ensemble; puisqu'appartenant bien au même créancier, elle ne s'exercerait pas contre le même débiteur. Ce seraient en effet deux actions qu'aurait le créancier : l'une, pour poursuivre l'exécution de la clause qui oblige l'acquéreur envers lui; l'autre, pour poursuivre le relâchement de l'immeuble contre le tiers possesseur, en vertu de l'affectation implicite de cet immeuble à l'exécution de cette même clause. (2)

Je crois d'ailleurs pouvoir aller encore plus loin, et soutenir que l'action est personnelle, même contre les tiers qui possèdent l'immeuble du chef du premier acquéreur.

En effet, lorsque ce premier acquéreur a transmis à d'autres la propriété de l'immeuble vendu, il n'a pu leur transférer que les mêmes droits qu'il y avait lui-même; c'est-à-dire qu'il n'a pu le faire que sous

---

(1) Ibid. , art. 1664. Voy. Pothier, de la vente, n. 395, 398, 464.
(2) V. Pothier, à l'endroit cité.

les mêmes conditions auxquelles il l'avait lui-même acquis. *Nemo enim plus juris in alium transferre potest, quàm ipse habet* (1): or il n'avait sur l'immeuble qu'un droit résoluble en vertu de la stipulation ; ils ne l'ont donc reçu de lui qu'à la charge expresse ou sous-entendue de la même condition résolutoire. Ils sont donc engagés, comme lui, à l'exécution de cette condition, (sauf leur recours contre lui, en cas qu'il la leur ait frauduleusement dissimulée, et qu'ils ayent une éviction à souffrir de la part du vendeur originaire.) L'action que leur intente ce vendeur dérive ainsi de l'engagement qu'ils ont tacitement et indirectement contracté envers lui, comme encore de celui de restituer que leur impose la loi (2). Elle est donc personnelle par sa nature ; elle l'est aussi par son objet, qui est d'obtenir l'exécution du pacte originaire dont ils se sont implicitement chargés.

120. DEUXIÈME EXEMPLE : Un fonds a été vendu ou cédé par l'effet de l'erreur, du dol, ou de la violence. Quelle est l'action qui appartient au vendeur ou au cédant, pour en obtenir le relâchement?

Elle paraît réelle, en ce que la violence, l'erreur, ou le dol, excluant l'idée d'un vé-

---

(1) Cod. civ., art. 1599, 2125, 2182 ; L. 54, ff. *de reg. jur.*
(2) V. cod. civ., art. 1121, 1165, 1664.

ritable consentement (1), il s'ensuit en apparence qu'il n'y a point eu véritablement aliénation de la propriété : donc, dira-t-on, elle dérive du droit de propriété.

Elle paraît personnelle, en ce qu'on doit regarder la restitution de l'immeuble, comme la véritable et principale réparation de la surprise ou de l'extorsion commise par le cessionnaire contre le cédant, ou de l'erreur qui a entraîné le consentement de celui-ci (2) : donc, dira-t-on, elle résulte de l'obligation de réparer le préjudice qu'il a souffert.

Mais la raison de décider se tire de ce qu'un consentement surpris, ou forcé, ou erronné, n'est pas moins un consentement réel et efficace, jusqu'à ce qu'il ait été déclaré nul par l'autorité publique compétente (3). Ainsi la propriété a été transférée par le cédant au cessionnaire, sous la condition résolutoire sous-entendue par la loi, qu'au cas de restitution en entier juridiquement prononcée en sa faveur, l'immeuble devrait lui être relâché : d'où il suit, 1° que l'action en relâchement soit contre le premier cessionnaire, soit même contre les tiers, ne prend point sa source dans le droit de propriété, mais dans l'obligation contractée par eux et que la loi leur impose en termes exprès, de le rendre au cé-

___

(1) V. cod. civ., art. 1109.
(2) Ibid., art. 1376.
(3) Ibid., art. 1117.

dant, s'il parvient à se faire restituer par la justice contre son aliénation ; 2° qu'elle n'a d'autre objet direct que d'obtenir l'exécution de cette obligation légale ou implicite. (1)

Ainsi, en dernière analyse, l'action n'est que personnelle, même contre les tiers.

Remarquons toutefois que malgré la force des inductions qui nous ont amenés à considérer, théoriquement parlant, les actions proposées dans les deux exemples qui précèdent, comme purement personnelles, même contre les tiers ; nous n'allons point jusqu'à croire que dans la pratique on ne dût pas admettre l'action en revendication du cédant contre de tiers possesseurs : vu que celui qui se pourvoit par les actions restitutoires, peut à l'avance se donner pour propriétaire de l'immeuble dans la propriété duquel il veut se faire réintégrer. La pratique des actions ne souffre pas tant de subtilités ; et l'on peut facilement feindre que celui-là est déjà propriétaire, qui est si prochainement sur le point d'être déclaré tel.

Si donc on veut, à toute force, qualifier réelle l'action contre les tiers ; au moins faut-il convenir, comme nous en avons déjà fait l'observation, que cette réalité n'existe que par rapport à eux, et que la personnalité n'existe également que par rapport à l'obligé direct et originaire : d'où il est né-

____

(1) Ibid., et art. 1181, 1165.

cessaire de conclure que l'action n'est pas en même temps et nécessairement personnelle-réelle par son objet.

121. TROISIÈME EXEMPLE : Que dirons-nous de l'action en révocation d'une donation entre-vifs?

La donation entre-vifs est translative de la propriété (1). Elle est irrévocable par sa nature; elle peut cependant être révoquée dans les trois cas d'exception que la loi a désignés, savoir : le cas d'ingratitude de la part du donataire, le cas d'inexécution des conditions sous lesquelles elle a été faite, et le cas de survenance d'enfant au donateur, qui n'en avait point à l'époque de la donation. (2)

Il ne peut y avoir de doute sur la nature pure personnelle de l'action en révocation de la donation pour cause d'ingratitude ; cette cause étant effectivement un fait exclusivement personnel au donataire, fait que la loi qualifie délit, et qui l'oblige lui seul à rendre au donateur l'objet donné. (3)

On pourrait voir plus de difficulté à déterminer celle de l'action en révocation pour les deux autres causes.

1° Quant à la cause d'inexécution des conditions sous lesquelles a été faite la do-

---

(1) Code civil, art. 938.
(2) Ibid., art. 953.
(3) Ibid., art. 957 et 958.

nation ; cette difficulté apparente naît seulement de ce que la loi lui fait opérer l'effet révocatoire, même contre les tiers (1) ; mais le doute disparaît, si l'on applique ici les réflexions que nous avons présentées sur les deux exemples qui précèdent. Le donateur n'a en effet d'autre droit à exercer contre les tiers détenteurs, dans ce cas-ci comme dans les précédens, que celui qu'il exercerait contre le donataire lui-même, s'il possédait encore l'objet de la donation : c'est la loi qui nous le dit en termes formels (2), et qui confirme ainsi, par une disposition expresse, la doctrine que nous avons établie. Les tiers sont donc obligés (comme l'aurait été le donataire) à la restitution de la chose donnée, si celui-ci n'exécute pas les clauses de la donation ; cette chose ne leur ayant été transmise que sous la condition résolutoire, présumée stipulée en faveur du donateur dans l'acte de libéralité, et sous-entendue de même en sa faveur dans l'acte qui l'a mise à leur disposition (3). L'action dérive donc, même à leur égard, d'un engagement ; elle a pour objet l'exécution d'un engagement : elle est donc personnelle par sa nature et par son objet, aussi bien contre eux que contre le donataire.

Ajoutons au surplus, comme nous l'avons

____

(1) Cod. civ., art. 954.
(2) Ibid.
(3) Ibid., et art. 1421, 1165, 1183.

déjà dit, que si on veut à toute force donner à cette action un caractère de réalité,
ce caractère n'appartenant à l'action que
relativement aux tiers, il n'y aurait plus
alors une seule et même action au profit
du créancier, mais deux actions distinctes,
l'une personnelle contre le donataire, et
l'autre réelle contre les détenteurs.

2° En ce qui concerne l'action en révocation pour cause de survenance d'enfant,
le caractère de réalité s'y présente d'une
manière beaucoup plus apparente, vu que
par cette cause la révocation est opérée de
plein droit suivant la loi (1). Ainsi l'action
paraît avoir un double objet et une double
nature, par rapport au donataire lui-même,
savoir : d'obtenir la restitution de l'objet en
vertu du droit de propriété que le donateur
semble avoir recouvré par le seul fait de la
survenance d'enfant; et d'obtenir l'exécution
d'un engagement, en vertu de la condition
tacite de rendre, que la loi impose au donataire.

Cependant, en y regardant de plus près,
on peut se convaincre que l'action n'a réellement pas deux caractères, mais un seul,
ou personnel, ou réel.

En effet, veut-on admettre en principe
que la propriété est rentrée de plein droit
et par le seul fait de la survenance d'enfant
entre les mains du donateur? En ce cas, l'action est purement revendicatoire contre le

____

(1) Ibid., art. 960.

donataire; elle n'a plus rien de personnel, puisque la condition de rendre la propriété au donateur est déjà exécutée par la seule force de la loi.

Veut-on au contraire entendre la loi dans un sens plus restreint, savoir : que la révocation est motivée sur le seul fait de la naissance de l'enfant, indépendamment de toute autre circonstance; mais qu'encore faut-il qu'elle soit prononcée par les tribunaux? Comme alors on ne suppose pas que la propriété soit rentrée de plein droit entre les mains du donateur, il s'ensuit que l'action de celui-ci a pour unique but d'obtenir l'accomplissement de la condition résolutoire tacite, apposée par la loi dans le contrat de donation, et pour unique source cette même condition légale. Ainsi l'action, dans cette hypothèse, est purement personnelle.

Peut-être nous demandera-t-on à ce propos, quelle idée nous nous formons de la véritable nature de l'action en révocation pour cause de survenance d'enfant?

A cela nous répondons, 1° que si l'on consulte l'état de nos mœurs et de notre civilisation, on doit plutôt la regarder comme personnelle que comme réelle; car il est conforme à cet état de mœurs, comme à toute bonne police, que les moyens légaux qui opèrent de plein droit soient réduits au plus petit nombre possible : peut-être sous ce point de vue conviendrait-il que le donateur ne recouvrât son droit de propriété que par l'effet du jugement de révocation.

Mais, 2° que si l'on s'attache soit aux termes de la loi française, qui est littéralement copiée sur un article de l'ordonnance de 1731, lequel était lui-même emprunté d'une fameuse loi romaine, soit à l'esprit des lois dont nous parlons, et qu'atteste sur-tout l'ancienne jurisprudence des arrêts; l'action doit plutôt être qualifiée réelle, comme dérivant du droit de propriété qui est rentré de plein droit et *ipso facto* dans le domaine du donateur. (1)

122. On voit par les exemples que nous venons d'exposer, qu'il y a certaines actions plus ou moins difficiles à qualifier, suivant les apparences qu'elles présentent; et que ces apparences sont même quelquefois assez plausibles, pour faire croire au premier aperçu à un certain mélange qui n'existe pas en effet.

Mais ce qui doit nous engager de plus en plus à dissiper toutes ces illusions par une juste et sévère analyse, c'est qu'autrement on pourrait tomber dans les plus étranges équivoques, et qu'on finirait par ne voir par-tout que des actions mixtes; ce qui produirait une confusion complette dans les règles de compétence, et dans la pratique des actions. L'erreur même serait d'autant plus difficile à éviter sur ce point, qu'on pourrait l'autoriser par la jurispru-

____

(1) V. cod. civ., art. 960, 963; ord^{ce} de 1731, art. 39; L. *si unquàm* 8, cod. *de revoc. donat.*; Ricard, Furgole, etc.

dence des tribunaux, même les plus res-
pectables : ceci nous force à entrer dans
quelques explications, pour justifier nos
maximes contre deux arrêts, entre plusieurs
autres , qui semblent les contredire formellement.

123. QUATRIÈME EXEMPLE : Nous trouvons dans le recueil des arrêts de la cour
de cassation, rédigé par le sieur Sirey, un
arrêt de cette cour qui a jugé mixte l'action
empti ou *ex empto*, dans l'espèce suivante :

Un immeuble est vendu par le fondé de
pouvoir du propriétaire , et le lendemain
par le propriétaire lui-même, mais à un
autre individu.

Le second acquéreur assigne le propriétaire vendeur, en exécution du contrat, par-
devant le tribunal du domicile de celui-ci,
et en même temps il assigne par-devant le
même tribunal le premier acquéreur, en dé-
claration de jugement commun.

Ce premier acquéreur ouvre ensuite, de
son côté, une action semblable devant le
tribunal de la situation de l'objet vendu.

Pourvoi en règlement de juges : sur quoi
intervient arrêt qui, considérant que la
compétence des tribunaux se règle d'après
la nature des actions qui leur sont soumises;
que l'action dont il s'agit est *une action
mixte* qui, aux termes de l'art. 59 du code
de procédure, pouvait être portée au tribunal du domicile ou à celui de la situation; et que le tribunal du domicile ayant

été le premier saisi, l'action en déclara-
tion de jugement commun lui appartenait
également pour raison de connexité; en
conséquence ordonne que les parties pro-
céderont devant ce tribunal premier saisi. (1)

Il résulte très clairement de cette décision, si elle est fidellement rapportée par
l'arrêtiste, que la cour de cassation aurait
déclaré le tribunal de la situation compétemment saisi, s'il l'eût été le premier par
l'un ou l'autre demandeur. En effet la cour
n'hésite pas à qualifier l'action mixte, et
elle argumente de la disposition de l'art.
59 du code judiciaire qui a rapport à cette
espèce d'action.

Et cependant, nous osons le demander,
est-il possible de se méprendre sur le caractère de l'action dans l'espèce proposée? Quel
est l'objet, quelle est la nature de cette action? Son objet est de poursuivre l'exécution d'un contrat, contre la personne engagée. Sa nature est de résulter uniquement
et exclusivement de l'obligation contractée.
Non-seulement une pareille action ne peut
pas être mixte, mais elle n'est pas même
mélangée de la plus légère apparence de
réalité. Si l'on veut appeler revendicatoire
l'action en livraison de l'objet promis par
le contrat, toutes les actions personnelles
sont donc aussi réelles, puisqu'elles ont
toutes pour but secondaire et ultérieur d'ob-

____

(1) V. tom. 9 de la collection, 1ère part., p. 138.

tenir la chose qui a fait le sujet matériel de l'engagement; toutes les actions réelles sont aussi personnelles, puisqu'il n'en est aucune qui ne soit dirigée contre une personne, à l'effet de lui faire exécuter l'obligation de reconnaître notre droit, et en conséquence de nous en faire ou de nous en laisser jouir ! Où en serait-on, si la confusion allait jusqu'au point de ne pas même distinguer les actions purement personnelles des actions purement réelles ; ou de les qualifier arbitrairement mixtes, quoique suivant tous les principes et d'après toutes les lois, elles n'ayent jamais eu qu'un seul caractère, fixe, indubitable, et sans mélange !

Assurément, quel que soit le respect que nous professons pour les décisions de la première cour de judicature de France, il nous est impossible d'admettre pour règle celle dont nous venons de rendre compte, et qui ne tend à rien moins qu'à bouleverser les principes les plus constans de l'ordre judiciaire.

Que si une telle erreur a pu échapper à la cour régulatrice elle-même, faut-il s'étonner qu'une cour d'appel en ait commis une semblable en matière de résiliation do bail, dans une hypothèse qui nous est rapportée par le même arrêtiste, ainsi qu'il suit :

124. Cinquième exemple : « Le sieur » Lapareillé, demeurant ordinairement à » Paris, a été traduit en référé par le sieur

» Rabotin devant le président du tribunal
» de Fontainebleau, en validité de congé
» et en déguerpissement d'une maison sise
» à Fontainebleau, dont le bail était ex-
» piré. (1)

» En première instance, le sieur Rabo-
» tin a obtenu l'adjudication de ses con-
» clusions. Sur l'appel, le sieur Lapareillé
» a soutenu que le tribunal de Fontaine-
» bleau était incompétent, puisqu'il avait
» son domicile à Paris, que l'action était
» personnelle, et que par conséquent elle
» devait être intentée devant le juge du
» domicile du défendeur, *actor sequitur fo-*
» *rum rei.*

» L'intimé a soutenu que l'action était
» sinon réelle, au moins mixte : qu'en ef-
» fet, dans le louage d'une maison, la jouis-
» sance était aliénée par anticipation pour
» plusieurs années, et que bien que le do-
» maine tant direct qu'utile demeurât au
» propriétaire, le locataire n'en avait pas
» moins un droit dans la chose, ou à cause
» de la chose, pour tout le temps que de-
» vait durer l'aliénation : que par consé-
» quent l'action, même considérée comme
» mixte, pouvait être portée, aux termes
» de l'art. 59 du code de procédure, ou de-
» vant le tribunal de la situation, ou de-
» vant celui du domicile du défendeur.

---

(1) Nous transcrivons littéralement l'article de
l'arrétiste, parce qu'il est court et substantiel.

» Arrêt : Considérant d'une part qu'il
» s'agit dans l'espèce de l'expulsion d'un
» locataire, en vertu d'un contrat authen-
» tique exécutoire, et d'autre part *que la
» matière du litige était mixte ;* sans s'ar-
» rêter au moyen d'incompétence, dit bien
» jugé, etc. » (1)

L'équivoque est ici non moins palpable
que dans l'exemple précédent. Un locataire
n'a en effet aucun droit dans la chose ou
à l'occasion de la chose louée, *jus in re ;*
il n'a qu'un droit pour obtenir la jouissance
de cette chose, *jus ad rem.* Le propriétaire
ne s'est dessaisi ni de son droit de propriété,
ni de son droit de possession en faveur du
locataire, qui n'est que détenteur purement
précaire, et ne possède que pour le propriétaire lui-même.

Celui-ci, de son côté, n'a aucun droit réel
à exercer contre le locataire : il ne peut que
lui demander l'exécution de ses engagemens soit exprès, soit implicites au nombre
desquels se trouve nécessairement l'obligation de déguerpir la maison louée, quand
son bail est expiré, et que le propriétaire
lui a donné congé.

Ainsi, loin qu'une pareille matière puisse
être mixte, elle n'a pas même le moindre
caractère, le moindre signe de réalité.

125. Ce n'est pas que nous nous permet-

---

(1) V. tom. 7 de la même collection, 2ᵉ partie,
pag. 771.

tions de critiquer au fond les décisions que nous venons d'analyser; au contraire ces décisions nous semblent, la première toute conforme aux principes, la seconde toute conforme à l'équité et aux convenances, même à la loi, sous un certain rapport. Nous n'y voyons à redire que le motif erronné sur lequel elles sont l'une et l'autre fondées; motif qui, érigé de la sorte en principe par les tribunaux du premier rang, acquiert contre la vérité une autorité d'autant plus dangereuse, qu'elle part d'une source plus pure. *Amicus Plato, sed magis amica veritas.*

Nous venons de dire que les arrêts dont il s'agit nous paraissent avoir bien jugé au fond, quoiqu'ils soient motivés sur une erreur de droit. Cela est d'abord manifeste par rapport à celui de la cour de cassation qui, dans une matière purement personnelle, a déclaré compétent le tribunal du domicile du défendeur.

Sur le second de ces arrêts, nous sommes obligés de présenter quelques réflexions, pour éviter le reproche qu'on ne manquerait pas de nous faire, d'être ici en contradiction avec nous-mêmes.

Il y a d'abord un premier point de vue sous lequel on doit reconnaître l'exacte légalité de la décision de la cour d'appel de Paris; car elle déclare en fait qu'il s'agissait d'une difficulté sur l'exécution d'un acte paré, laquelle, d'après les circonstances, requérait nécessairement célérité. Or l'art.

554 du code de procédure donne en ce cas au tribunal du lieu l'attribution d'y statuer provisoirement. Ainsi le référé avait été compétemment et régulièrement porté devant le président du tribunal de Fontainebleau.

Écartant même d'ailleurs cette particularité, et raisonnant dans la supposition, par exemple, que le bail n'eût pas été exécutoire, on doit également reconnaître que la décision eût pu être la même, sans blesser ni les convenances, ni les règles de l'équité.

Serait - il en effet convenable, serait - il juste qu'on obligeât, dans cette supposition, un propriétaire à poursuivre son locataire devant le tribunal du domicile de celui-ci, pour faire déclarer valable le congé qu'il lui aurait donné, et pour le faire condamner à déguerpir sa maison située, peut-être, à cent ou deux cents lieues de ce même domicile? Une application aussi rigoureuse du principe de compétence, en matière d'action personnelle, serait une suprême injustice : *summus jus, summa injuria.*

Il est bien vrai que ce cas, ainsi que bien d'autres semblables, n'ont pas été prévus par la loi qui dispose en général, sans s'occuper en détail des nombreuses exceptions que présente journellement l'application des lois civiles. (1)

____

(1) On trouve dans l'art. 3 du code de procédure quelques exceptions au principe : *actor sequitur fo-*

Mais, pour sauver de pareilles inconvenances, est-il donc besoin de subvertir, par une fiction évidemment forcée, toutes les bases de la législation sur les actions personnelles, en les feignant mixtes, quand elles ne sont pas même affectées du plus léger mélange de réalité? Non, sans doute, s'il est possible d'admettre une autre fiction beaucoup plus naturelle qui leur conserve leur véritable caractère. Or, qui empêche qu'on ne considère en ces diverses suppositions le contrat qu'il s'agit d'exécuter, comme renfermant de la part du débiteur une élection de domicile dans le lieu de cette exécution, laquelle est attributive de juridiction, suivant l'art. 111 du code civil? Fiction pour fiction, celle qui a le moins d'inconvéniens nous semble devoir obtenir la préférence; d'autant mieux qu'elle est justifiée par les principes du droit romain, qui valent au moins comme raison écrite. (1)

---

rum rei, dans des matières de la compétence des juges de paix. Des dispositions expresses de la loi à cet égard, on serait tenté de conclure, par la règle des inclusions, que les cas non exprimés doivent rentrer dans la rigueur du principe général. Cependant Mr Lepage, dans ses questions sur le code judiciaire, fait sentir, avec beaucoup de justesse, l'inconvenance qu'il y aurait de ne pas étendre l'exception à d'autres cas non prévus, et pour lesquels il y a même raison au moins de décider.

(1) V. L. 19, §. 1 et 2, ff. *de judiciis*; et Arg., art. 420 du code de procédure civile.

En tout cas, et jusqu'à ce que la loi ou
la jurisprudence se soient prononcées sur
ce point, les parties feraient sagement d'in-
sérer dans les contrats de ce genre la clause
expresse de l'élection de domicile dans le
lieu de l'exécution.

126. Nous pourrions multiplier ces exemples, que nous n'avons présentés que par
forme de démonstration. Nous pourrions
citer notamment un très grand nombre d'actions réelles qui paraissent en même temps
personnelles sans l'être; comme, par exemple, toutes ou presque toutes les actions en
revendication, qui le plus souvent sont ac-
compagnées de demandes personnelles formées par les seules et mêmes conclusions.
Mais, comme nous ne pouvons trop le répéter, ces demandes personnelles ne résultant que de faits accidentels qui pourraient n'avoir pas existé, ne sont point
nécessairement et substantiellement inhérentes à l'action réelle; elles ne tiennent
point à son principe, elles n'en sont que l'accessoire et la conséquence éventuelle. Sup-
posé, par exemple, que le possesseur contre
qui s'exerce la revendication n'ait point
abusé de la chose, qu'il ne l'ait point dé-
gradée, qu'il n'en ait perçu aucuns fruits,
l'action réelle n'en existe pas moins contre
lui, quoique dans cette hypothèse elle ne
puisse être accompagnée d'aucune demande
personnelle.

Sans donc insister davantage sur ce point,
il nous reste à faire voir qu'à la rigueur

une action peut être à la fois personnelle-réelle, sans être mixte.

SECTION II.

Des actions personnelles-réelles, c'est-à-dire mélangées, et non mixtes.

127. Si l'on est d'accord avec nous qu'une action ne peut être véritablement qualifiée et distinguée que par son objet et sa nature propres, abstraction faite des circonstances qui s'y rattachent, soit comme accidens, soit comme conséquences; on doit convenir qu'un mélange accidentel de personnalité et de réalité ne suffit pas pour la faire juger mixte.

Car enfin, selon notre règle que nous croyons conforme à la saine raison, il n'y a d'actions mixtes que celles qui ne peuvent pas être autre chose; sortir de là, c'est se jeter dans une entière confusion, ainsi que nous en avons déjà fait plusieurs fois la remarque.

Lors donc que dans l'examen d'une action, même mélangée de personnalité et de réalité, nous trouvons deux actions réunies en une seule, ou la même action présentant ce double caractère, mais sous deux points de vue différens et qu'on peut concevoir séparés; nous ne devons pas hésiter à la rejeter de la classe des actions mixtes.

128. Il y a beaucoup d'actions qui passent

pour personnelles-réelles, et auxquelles on
pourrait fort raisonnablement contester cette
qualité, si on les soumettait à une analyse
rigoureuse : telles sont les actions rescisoires
et révocatoires, ou autres que les commentateurs du droit romain appellent *personales
in rem*. Nous en avons examiné quelques-
unes de ce genre dans la section précédente,
telles que l'action de réméré, l'action en
rescision pour cause d'erreur, dol, ou violence, et l'action en révocation de la donation entre-vifs, lesquelles nous avons jugé
devoir plus exactement appartenir à la classe
des actions personnelles. (1)

Cependant, comme nous devons nous
défier de notre sentiment qui se trouve ici
en opposition avec l'avis unanime des docteurs et des jurisconsultes, nous consentons
volontiers à faire de ces diverses actions une
classe à part, en les qualifiant personnelles-
réelles. Mais cela même nous oblige à en
déterminer le caractère distinctif, afin qu'on
ne les confonde dans la pratique, ni avec les
actions simples, ni avec les actions mixtes.

129. En appliquant ici la règle qui nous
a servi à définir les actions, il nous sera
facile de reconnaître que ce qui distingue
particulièrement les actions mélangées dont
nous parlons, des actions ou simples ou

____

(1) V. ce que nous avons dit de l'action en révocation de la donation pour cause de survenance d'enfant, sup. n. 121.

mixtes, c'est que celles-ci sont toujours telles par leur objet et par leur nature; tandis que la nature de celles-là restant fixe, leur objet est susceptible de variation.

Quelle est par exemple la nature de l'action de réméré, quelle est celle des actions rescisoires ou révocatoires des contrats, et en général des actions appelées par les docteurs *personales in rem scriptae?* Elle est évidemment personnelle; puisque ces actions dérivent uniquement de la clause expressément renfermée dans l'acte, ou qui y est sous-entendue.

Mais l'objet de ces mêmes actions peut être, suivant les cas, ou personnel, ou réel. Il est personnel, lorsque l'action est exercée contre la partie contractante elle-même; il est réel, lorsqu'elle est dirigée contre les tiers : *mutato adversario, mutatur actionis objectum.* Contre la partie contractante, on demande l'exécution de la clause résolutoire, expresse ou tacite ; contre les tiers possesseurs, on demande le relâchement de l'objet, sans qu'il y ait eu de leur part aucune obligation directement contractée, mais en vertu de ce principe, *soluto jure dantis, solvitur jus accipientis.*

Ainsi, veut-on admettre que les actions dites *personales in rem* soient effectivement une espèce particulière d'actions, et qu'elles doivent être considérées comme étant effectivement personnelles-réelles? On voit toujours qu'elles diffèrent essentiellement des actions mixtes, non-seulement par leur nature qui ne comporte aucun mélange, mais aussi par leur objet qui est tantôt personnel, tantôt réel, sans être jamais l'un et l'autre tout ensemble.

130. Cherchons maintenant à établir la différence entre quelques autres actions véritablement mélangées, et l'action mixte.

Il peut exister en effet des actions qui, soit dans leur objet, soit dans leur nature, présentent un certain mélange de personnalité et de réalité, sans être pour cela des actions mixtes.

EXEMPLE : Un créancier qui a reçu de son débiteur un gage immobilier pour sureté de sa créance, peut agir contre ce débiteur ou ses héritiers personnellement et réellement par une seule et même action, si le tribunal se trouve être à la fois celui du domicile du débiteur et celui de la situation de l'objet affecté. Il a en effet un droit personnel contre la personne obligée, *jus ad rem;* et un droit réel sur la chose engagée, *jus in re.* L'action est ainsi mélangée de personnalité et de réalité dans sa nature : elle l'est de même dans son objet direct qui est de poursuivre tout à la fois l'exécution de l'engagement personnel et l'exercice du droit réel.

Mais est-elle mixte pour cela? Non assurément. Car le mélange qu'elle renferme

n'est autre chose que le concours accidentel de deux actions différentes.

Le gage ou l'hypothèque accèdent à l'obligation pour l'assurer : ce sont des cautions
réelles, et pour ainsi dire de nouveaux
débiteurs engagés à la sureté de la dette.
Dans une obligation avec gage ou hypothèque, il y a donc deux obligations séparées, l'une de la personne, et l'autre de
la chose.

Cela est tellement vrai, que le créancier
peut poursuivre séparément les deux actions
qui en résultent; et qu'il ne peut même les
poursuivre ensemble, si l'objet engagé a
passé en d'autres mains que celles du débiteur, ou si le tribunal du domicile n'est
pas en même temps celui de la situation.
Ces deux actions ne sont donc qu'acciden-
tellement réunies en une seule, quand il
lui convient et qu'il lui est possible de les
exercer ensemble. Il y a donc réunion, concours fortuit d'actions, plutôt que mélange
forcé de nature et d'objet dans une seule
et même action. On ne peut donc pas dire
qu'il y ait ici d'action mixte.

Le même, le légataire a une action personnelle contre l'héritier en délivrance du
legs, et réelle hypothécaire sur les biens de
la succession (1). Mais ce sont encore évidemment deux actions concurrentes, et non
une seule action.

____

(1) V. cod. civ., art. 1017.

AUTRE EXEMPLE : Vous me devez à votre choix ou une servitude sur votre héritage, ou une somme d'argent. Les deux choses m'étant dues sauf l'alternative, je ne puis agir contre vous régulièrement, qu'en vous les demandant toutes les deux, sous cette même alternative qui est à votre disposition. Ainsi mon action présente deux objets différens, l'un réel et l'autre personnel. Mais loin que ces deux caractères soient unis entre eux, ils ne peuvent même pas se réunir, puisqu'ils sont exclusifs l'un de l'autre, et tous deux subordonnés au choix que vous voudrez en faire. *In facultate luitionis consistunt.*

Ainsi l'action en ce cas est bien, à toute force, personnelle-réelle par son objet et par sa nature : mais elle ne l'est en quelque sorte que dans sa forme ; car aussitôt que vous aurez fait votre choix, elle n'aura plus qu'un caractère unique, celui de la personnalité ou de la réalité seulement. C'est donc, si on le veut ainsi, une action mélangée ; mais ce n'est point une action mixte.

131. La même solution s'applique dans tous les cas d'obligations alternatives, comme dans tous les autres cas où l'action, quoiqu'effectivement personnelle-réelle tout ensemble, (ce qui est rare), n'est pas telle par essence et d'une manière indivisible.

SECTION III.

Des Actions véritablement mixtes.

132. D'après la théorie que nous venons de développer dans ce chapitre, nous ne devons reconnaitre pour actions véritablement mixtes que celles qui présentent, dans leur objet et dans leur nature, les deux caractères de la personnalité et de la réalité tellement unis et confondus qu'on ne puisse pas les concevoir séparés, même par la pensée.

Il nous suffirait d'établir la règle, et d'en laisser faire l'application ; cependant disons un mot, pour plus grand éclaircissement, des seules actions qui nous paraissent mériter indubitablement cette qualification : ce sont les actions en bornage ou en partage, et l'action possessoire.

133. 1º Les actions en bornage et en partage sont mixtes dans toute la force de cette expression. Quelle est en effet la nature de ces actions? Elles dérivent l'une et l'autre, tout à la fois, du droit de propriété prétendu par le demandeur dans la chose commune à borner ou à partager, et de l'obligation imposée par la loi à tout communier de procéder au bornage ou au partage de l'objet indivis, aussitôt qu'il en est requis, et sans qu'il puisse s'y refuser (1).

––––––––––

(1) V. Cod. civ., art. 646 et 815.

Leur nature est donc en même temps et indivisiblement, réelle sous le premier rapport, et personnelle sous le second.

L'objet direct des deux actions est de même personnel et réel d'une manière indivisible. Car on ne peut, par l'une ou l'autre action, revendiquer sa part de l'objet indivis, sans demander le bornage ou le partage qui est le seul moyen de désigner cette part ; et réciproquement, on ne peut demander l'exécution de l'obligation légale de borner ou de partager, sans réclamer, par là même, la part du fonds qui sera reconnue être la nôtre par l'effet de l'opération demandée.

Quant à l'exercice de ces mêmes actions, le double effet qu'y attache la loi dans la pratique, de pouvoir être portées au gré du demandeur par-devant le tribunal du domicile ou celui de la situation, ne s'applique effectivement que par rapport à l'une des deux, et dans un seul cas.

D'abord, l'action en bornage, quoique mixte, ne s'intente régulièrement que devant le tribunal de la situation ; car le bon sens s'oppose à ce qu'on demande au tribunal du domicile une opération qui ne peut se faire que sur les lieux. (1)

____

(1) La cour de cassation avait proposé cette règle dans ses observations sur le projet de code de procédure civile ; et l'on s'étonne que cette proposition, ainsi que plusieurs autres encore, non moins sages et utiles, ayent été négligées par les législateurs. V. art. 59 desdites observations.

Relativement à l'action en partage, il faut distinguer le cas où elle a pour objet le partage d'une succession ou d'une société, et le cas où elle a pour objet le partage d'une ou plusieurs choses spéciales indivises entre des communiers. En ce dernier cas seulement, l'action est mixte par son objet, par sa nature, et par son effet.

S'il s'agit au contraire du partage d'une succession ou d'une société, la loi attribuant juridiction au tribunal de l'ouverture de l'une, et de l'établissement de l'autre, le demandeur n'a plus de choix à faire. (1)

2° Il en est de même de l'action possessoire dont la connaissance est exclusivement attribuée au juge de paix du lieu de la situation de l'objet litigieux (2), quoique cette action soit mixte par sa nature et par son objet, ainsi que nous l'avons fait voir précédemment. (3)

134. Nous pensons que les développemens dans lesquels nous sommes entrés, serviront à faire reconnaître distinctement l'action mixte, malgré ses complications; et qu'ils justifieront pleinement les réflexions que nous avons hasardées au commencement de ce chapitre.

----

(1) V. cod. de proc. civ., art. 50 et 59.
(2) Ibid., art. 3.
(3) V. sup., ch. 5 e 16.

TITRE III.

Des Conditions requises pour rendre les actions recevables en justice.

135. On dit qu'une action est fondée, lorsque la prétention, qui en est l'objet, a pour fondement ou pour appui la justice, ou la loi.

Mais de ce qu'une action est ainsi juste au fond, il ne s'ensuit pas toujours qu'on soit admis à l'exercer. Pour cela en effet, trois conditions sont rigoureusement nécessaires, savoir : 1° la qualité; 2° l'intérêt; 3° la capacité.

A défaut de l'une ou l'autre de ces conditions, l'action, quoique juste et légitime, n'est point recevable en justice.

Remarquons toujours que ce que nous disons de l'action, doit s'entendre également de la défense ou action répulsive proposée par le défendeur contre le demandeur, le mot *action* comprenant les prétentions ou conclusions respectives des parties. (1)

Remarquons en outre qu'indépendamment de ce que le défaut de l'une des trois

____

(1) V. sup. tit. 1, chap. 1, n. 7.

conditions ci-dessus rend l'action non-recevable, il y a encore d'autres fins de non-
recevoir qui peuvent servir à l'écarter, toute
juste qu'elle puisse être, et dont nous parlerons au tit. 4 ci-après.

Mais ce qui caractérise celles que nous
allons analyser, c'est qu'elles tiennent exclusivement à ce qu'il y a de personnel dans
l'exercice de l'action, au lieu que les autres
dérivent de circonstances plus ou moins
étrangères à la personne du demandeur.

CHAPITRE PREMIER.

De la Qualité.

136. Par le mot *qualité*, on entend en
général ce qui fait que telle personne ou
telle chose est, ce qu'elle doit être pour remplir telle destination, *(talis est, qualis esse
debet)*, ou ce qu'elle paraît être, ou ce qu'elle
est, *(qualis est, vel videtur esse.)*

Il faut avoir *qualité* pour figurer dans une
contestation judiciaire, c'est-à-dire être dans
telle ou telle situation qui nous autorise,
ou qui nous oblige à y paraître. Nous y
sommes autorisés par nos droits ou nos
prétentions; nous y sommes obligés par les
droits ou les prétentions d'autrui. Nous
figurons alors dans la cause sous tel ou tel
rapport, c'est-à-dire sous telle ou telle *qualité.*

137. Ainsi nous appelons *qualités* des

parties, les droits ou les prétentions en vertu desquels elles sont respectivement recevables ou astreintes à prendre part au procès; et nous appelons aussi de ce nom le rôle ou le personnage qu'elles y jouent respectivement, en vertu de ces droits ou prétentions.

Dans le premier sens, par exemple, la *qualité* de femme commune en biens, celle d'héritier, ou de donataire, ou de créancier, etc., peuvent produire des droits soit actifs, soit passifs. Ces *qualités* sont donc de nature à rendre l'action recevable, ou pour ou contre ceux à qui elles appartiennent. Un mandataire a de même *qualité* pour procéder au nom de son mandant; un tuteur, au nom de son mineur, etc.

Dans le second sens, celui qui intente l'action est le demandeur, *actor;* celui qui se défend, le défendeur, *reus :* voilà le rôle ou la qualité de chacun dans la cause. En cas d'appel, l'un est appelant, l'autre intimé, c'est-à-dire assigné pour plaider sur l'appel : c'est encore là une qualité dans laquelle chacun procède, etc. Ces qualités ou rôles peuvent même se compliquer de telle manière que les parties soient à la fois demanderesses et défenderesses, appelantes et intimées. 1º Il est possible, comme nous l'avons déjà dit, que le défendeur originaire ait formé une demande réconventionnelle; alors le demandeur originaire devient défendeur sous ce rapport. 2º Il est possible que les parties ayent respectivement interjeté appel, l'une d'un chef, l'autre d'un autre chef du jugement (1); alors elles sont appelantes sous l'un des rapports, et intimées sous l'autre, etc.

138. D'après cela, on dit que quelqu'un est *en qualité* dans l'instance, c'est-à-dire qu'il y est partie en telle ou telle *qualité*.

Être mis *en qualité*, c'est être appelé au procès; *prendre qualité*, c'est y intervenir, etc.

Si l'on n'a point *qualité*, on ne peut être admis ni à demander, ni à se défendre. Si on vient à perdre *sa qualité*, on ne peut plus rester en cause, on est mis *hors de qualité*, etc., etc.

139. En conséquence de ces diverses acceptions du mot *qualité*, on appelle *qualités de la cause*, un acte de procédure contenant non-seulement l'indication précise des noms, profession et domicile des parties, ainsi que des noms de leurs avoués, mais encore celle du rôle qu'elles ont à remplir au procès; contenant en outre leurs prétentions ou conclusions réciproques, le fait qui y donne lieu, et les questions à juger qui en dérivent. (2)

140. On conçoit que les *qualités* des parties, c'est-à-dire leur position respective dans la cause, doivent nécessairement leur

---

(1) Chef, *caput*, chapitre, article, disposition du jugement sur l'un des points contestés.
(2) V. cod. de proc. civ., art. 142.

donner des droits ou leur imposer des obliga-
gations; car tout rapport quelconque entre
les homme est, comme nous l'avons vu dans
le discours préliminaire, une source de
droits et de devoirs corrélatifs.

Mais comme en général ces droits et ces
devoirs sont réglés par la loi civile, nous
devons nous borner à ceux que produisent
la qualité de demandeur et celle de défendeur qui se trouvent indispensablement dans
toute contestation judiciaire.

La *qualité* de demandeur emporte naturellement avec elle l'obligation de vérifier
et de légitimer la demande; car outre que
personne ne peut avoir le droit de troubler
le repos d'autrui, en le traduisant sans juste
motif devant les tribunaux, il est facile de
se convaincre, par la définition que nous
avons donnée de l'action (1), que toute demande non prouvée n'en est pas une. Aussi
est-ce un axiome incontestable en droit, que
le demandeur est chargé de la preuve : *ac-
toris officium est probare* (2); d'où il suit
que s'il ne comparaît pas à l'audience indi-
quée, ou s'il ne justifie pas suffisamment
sa prétention, le défendeur n'a rien à vérifier au contraire, et qu'il doit être renvoyé
de la demande sans avoir besoin d'adminis-
trer aucune preuve; *actore non probante,*

____

(1) V. sup., tit. 1, chap. 1, n. 1, 2 et 3.
(2) L. 42, ff. *de reg. jur.*, et 21 *de probat.*; 23
cod. cod.

*reus absolvitur, etiamsi nihil ipse praes-
titerit.* (1)

Et si, comme il arrive fréquemment, le demandeur établissait sa preuve sur des titres, il devrait en donner connaissance à son adversaire, même les lui communiquer s'il l'exigeait; au lieu que le défendeur n'est jamais tenu, dans les matières ordinaires, de produire ses titres contre lui-même (2), à moins que ces titres ne soient communs entre lui et le demandeur, ou à moins qu'il ne s'en soit prévalu pour légitimer sa défense. (3)

Ainsi la condition du demandeur est plus difficile que celle du défendeur (4). Nous en avons déjà donné la raison générale dans le discours préliminaire; mais ajoutons ici pour motif particulier tiré de la nature même des choses, qu'où il n'y a point de demande, la défense est inutile.

141. Cette règle qui met la preuve à la charge du demandeur, et qui en dispense le défendeur, souffre néanmoins deux exceptions.

La première a lieu dans le cas de l'action négatoire qui a pour objet de faire juger qu'on n'est pas soumis à telle servitude. La

____

(1) L. 1 et 4, C. *de edendo.*
(2) L. 4 et L. ult., C. eod.
(3) LL. 5 et 6, C. eod.; LL. 9 et 10, ff. eod.; et L. 1, *de except.*
(4) *Durior est causa petitoris.* L. 33, ff. *de reg. jur.*

preuve en ce cas n'est plus d'obligation pour le demandeur, mais pour le défendeur : ce qui est fondé sur plusieurs motifs également sensibles.

D'abord c'est un principe reçu dans la pratique des actions, qu'on ne prouve pas les faits négatifs (1) ; et toutefois ce principe mérite explication, car enfin un fait négatif tombe en preuve tout comme un autre : il est vrai que c'est d'une manière différente. Ainsi le sens de la maxime est, que les faits négatifs ne se prouvent que par induction, et non pas directement, comme se prouvent les faits positifs.

Si je veux prouver que telle chose est, je produis mes titres ou mes témoins qui l'établissent affirmativement : voilà ce qu'on entend par une preuve directe.

Si je veux prouver qu'une chose n'est pas, c'est-à-dire nier que cette chose soit, ma proposition étant négative, je ne puis plus produire ni titres, ni témoins qui l'établissent affirmativement ; car l'idée d'affirmation et celle de négation se détruisent l'une l'autre. Pour parvenir à ma vérification, je suis forcé de prendre un moyen détourné, qui est de prouver que telle chose est, et qu'en conséquence la chose contraire n'est pas. J'ai, par exemple, dessein de prouver que je n'étais pas à Paris tel jour ; je ne puis éta-

____

(4) *Negantis nulla est probatio.* L. 23, C. *de probat.*

blir ma proposition qu'en prouvant directement que j'étais ailleurs ce jour-là. Voici
donc mon raisonnement : J'étais à Dijon le
tel jour dit, et je prouve directement cette
proposition affirmative ; donc je n'étais pas
à Paris ce même jour. Ainsi ma preuve se
fait par voie d'induction ou de conséquence,
et non par voie directe.

Lorsqu'on dit donc que les faits négatifs
ne tombent point en preuve, cela signifie
qu'ils ne sont point susceptibles d'une preuve
directe, et qu'ils ne peuvent s'établir que
par induction : cela signifie encore que celui
qui nie, ne faisant par là que se défendre,
rejette par cela même sur son adversaire la
charge de la preuve. (1)

D'après cela, on voit d'abord que le demandeur par action négatoire ne pourrait
prouver qu'indirectement qu'il n'est pas
soumis à la servitude, c'est-à-dire en éta-
blissant sa franchise (2) : d'où la conséquence serait qu'il ne doit pas cette servitude.

Mais on voit d'ailleurs qu'il doit lui suffire
d'alléguer sa franchise pour la vérifier ; car
elle résulte du droit commun et de la présomption légale qui répute tous les fonds
libres jusqu'à la preuve du contraire (3).

---

(1) L. 23, C. eod.
(2) V. L. 4, §. 7, ff. *si servit. vindic.*
(3) V. L. 8, C. *de servit.;* et cod. civ., art. 544
et suiv., 579, 625, 690 et suiv.; code rural, du
6 octobre 1791, tit. 1, art. 1.

Cette preuve directe de la demande est donc faite ici par la loi elle - même, jusqu'à ce que le défendeur ait établi directement l'existence de la servitude.

On voit enfin qu'en exerçant une action qui a pour objet de se soustraire à un assujettissement, le demandeur se défend plutôt qu'il n'attaque.

Il est donc évident, par ces différens motifs, que l'exception, si c'en est une, ne fait ici que confirmer la règle générale.

On peut en dire de même ou à peu près, du second cas dans lequel le défendeur se trouve encore chargé de la preuve directe : c'est celui où il articule pour sa défense ou un fait, ou une exception que son adversaire dénie ; car puisqu'on suppose de sa part l'énonciation d'un fait affirmatif, il n'y a que lui qui puisse l'établir, son adversaire ne pouvant être astreint à prouver sa dénégation.

C'est ce qui fait dire que le défendeur devient demandeur dans son exception : *reus in exceptione actor est.* (1)

Vous me demandez, par exemple, le payement d'une dette. Je nie la dette purement et simplement : c'est à vous à la vérifier.

Mais si je nie la dette, en ajoutant que je l'ai payée, ma défense se réduit à ce raisonnement : J'ai payé, donc je ne dois plus.

---

(1) V. L. 1, ff. *de evictionib.*; LL. 2, 14 et 17, *de probationib.*

Or cette proposition, *j'ai payé*, étant affirmative, c'est à moi à l'établir directement.

142. Il résulte de ce qui a été dit dans
ce chapitre, que pour connaître la véritable
position des parties dans la cause, et les
droits ou les obligations que cette position
doit produire, il faut savoir quelle est leur
qualité respective. Ainsi la première chose
à faire en toute cause, c'est de régler les
qualités des parties, quand elles n'en sont
point d'accord. (1)

CHAPITRE II.

De l'Intérêt.

143. Il ne suffit pas d'avoir *qualité*, c'est-
à-dire prétention, même légitime, pour être
recevable à figurer dans une instance judiciaire : une seconde condition indispensable
est d'y avoir intérêt.

On ne peut nier que les discussions entre
les citoyens ne soient plus ou moins préjudiciables à la paix et à l'ordre public. Elles
entretiennent les animosités et les haines,
elles peuvent entraîner la ruine des familles;
en un mot, on les considère avec raison
comme un mal que l'obligation de faire justice peut seule rendre nécessaire.

Si l'on suppose donc le plaideur sans intérêt dans la cause, il ne reste plus aucun
motif pour admettre ses réclamations, puis-

---

(1) V. les art. 144 et 145 du cod. de proc. civ.

que rien ne balance de sa part l'intérêt de
la paix publique qui s'oppose à toute discussion sans objet.

Indépendamment de cet intérêt public,
un intérêt particulier forme encore obstacle
à sa prétention ; c'est celui de son adversaire, qu'il ne peut avoir droit d'inquiéter
sans utilité pour lui-même.

Rappelons-nous effectivement notre définition générale de l'action. Dans l'ordre
moral, avons-nous dit, l'action est l'exercice
volontaire et régulier du droit d'agir, pour
parvenir à un but d'utilité raisonnable : à
défaut donc de ce but d'utilité, il n'y a point
d'action. Aussi est-ce un principe invariable,
que l'intérêt est la seule mesure des actions
en justice.

144. Ce qu'il faut pourtant observer, c'est
que le plus souvent il suffit, pour rendre l'action recevable, d'un intérêt futur et éven-
tuel : c'est ainsi que soit l'héritier, soit la
veuve qui délibèrent, peuvent exercer les
actions, l'un de la succession, l'autre de la
communauté, avant de s'être décidés à l'accepter ou à la répudier ; et en général on
peut toujours agir pour conserver des droits
futurs (1). Il n'y a que certaines actions dé-
terminées, pour l'exercice desquelles la loi
exige un intérêt né et actuel. (2)

----

(1) V. cod. civ., art. 1180.
(2) V. un exemple dans l'art. 187 du même code.

CHAPITRE III.

De la Capacité.

145. C'est en vain qu'on réunirait la qualité et l'intérêt, si l'on n'avait pas la capacité; car pour agir, il faut pouvoir : une qualité qu'on ne peut exercer, un intérêt qu'on ne peut faire valoir, sont comme s'ils n'existaient pas. (1)

L'incapacité est donc une troisième fin de non-recevoir contre l'action.

146. On reconnaît deux sortes d'incapacités, l'incapacité absolue et l'incapacité relative : la première est la privation de l'action elle-même; la seconde est la privation de l'exercice seulement de l'action. Ce qui les distingue en conséquence essentiellement, c'est que cette dernière peut se couvrir, et que l'autre ne le peut pas.

SECTION PREMIÈRE.

De l'Incapacité absolue.

147. L'incapacité absolue est, comme nous venons de le dire, celle qui ne peut se couvrir par aucun moyen.

Elle résulte, 1° de la règle de l'individualité; 2° de l'extranéité; 3° de la mort civile.

---

(1) V. sup. tit. 1, ch. 1, n. 1.

§. Ier.

De l'Individualité.

148. Par l'expression un peu hasardée de l'*individualité*, nous n'entendons autre chose que l'axiome de pratique : *nul n'agit par procureur.*

Ce n'est pas à dire que d'après cet axiome on ne puisse se faire représenter en justice, comme pour toutes autres affaires, par un mandataire ou fondé de procuration, suivant les règles ordinaires du mandat : loin de là, nous verrons qu'il y a des incapables qui ne peuvent agir ou se défendre que par l'entremise de leurs représentans; et que même toutes parties sans exception doivent charger de *postuler* pour elles, par-devant les tribunaux civils ordinaires, des mandataires *ad lites*, ou officiers ministériels connus autrefois sous le nom de *procureurs*, et aujourd'hui sous celui d'*avoués.* (1)

La postulation chez les romains était facultative pour tous, c'est-à-dire qu'on pouvait en charger qui l'on voulait. Le procureur ou défenseur était considéré comme maître du procès, *magister litis*, et en conséquence il plaidait en son nom personnel.

____

(1) *Postuler* pour quelqu'un devant les tribunaux, c'est faire tous les actes prescrits par la loi pour la régularité de la demande ou de la défense.

Nos pratiques françaises ont toujours été contraires à cet usage : c'est de là qu'est venue la règle, que *nul n'agit par procureur*.

Ainsi le sens de cette règle est, que personne ne peut figurer dans une cause qu'*en son nom individuel*, et non pas sous le nom d'autrui : raison pourquoi nous croyons la désigner plus exactement par le mot *individualité*.

Quant au motif de la règle, il se tire d'abord de ce qu'il n'est pas plus permis de s'emparer du nom d'autrui, que de ses autres propriétés. Tout ce qui fonde une action est personnel à celui qui l'a, le droit, le pouvoir, l'intérêt d'agir. De même donc qu'on ne peut valablement exercer que ses actions propres, on ne peut ester en justice que sous son propre nom.

C'est d'ailleurs pour soi-même, et seulement pour soi, qu'on peut régulièrement contracter (1). Or, la comparution en justice est un quasicontrat : *in judicio, quasi-contrahitur*; c'est-à-dire que la comparution en justice est un fait d'où résulte entre les parties la convention tacite de prendre pour loi de décision le jugement que rendra le tribunal.

149. Il suit de notre règle, que quel que soit le nombre des parties d'un procès, chacune doit y figurer en son nom individuel, et en sa propre qualité.

---

(1) V. cod. civ., art. 1119.

Cependant il est de fait que l'état, pour ses domaines, plaide sous le nom du préfet du département dans lequel ils sont situés ; que le souverain, pour les domaines de la couronne, plaide sous le nom de son intendant, ou sous celui de son procureur dans l'arrondissement de leur situation ; que le trésor public plaide par son agent ; les administrations ou établissemens publics, par les préposés qui les régissent ; les communes, par leurs maires ; les sociétés de commerce, sous leur raison sociale ; les directions de créanciers, par l'entremise de leurs syndics ou directeurs (1) ; que les actions contre la personne et les biens mobiliers du failli s'exercent contre les agens et syndics de la faillite (2), etc.

150. Tous ces différens cas, ainsi que d'autres encore où l'on paraît figurer au procès sous le nom d'autrui (3), forment-ils des exceptions au principe de l'individualité ?

Non. Il n'y a rigoureusement d'exception à ce principe qu'en faveur de l'état et de son chef qui, quoique soumis dans leurs relations d'intérêts privés à toutes les règles et à toutes les formes de la justice ordinaire, doivent néanmoins, par des motifs de dignité et de bienséance, être exempts des débats

____

(1) V. cod. de proc. civ., art. 69.
(2) V. cod. de comm., art. 494.
(3) V. notamment les art. 667 et 760 du code de proc. civ.

judiciaires, ainsi que des condamnations nominales qui en peuvent être la suite : ce qui n'empêche pas que les condamnations effectives ne les atteignent.

Quant aux autres exemples que nous venons de rapporter, ils ne sortent véritablement point de la règle générale de l'individualité : et c'est ce dont il est facile de se convaincre par une simple analyse.

D'abord, l'agent ou le ministre du trésor public, les préposés ou régisseurs des administrations ou des établissemens publics, les représentent en effet et plaident pour eux, mais au nom du trésor ou des administrations qu'ils régissent, et non pas en leur nom individuel.

A l'égard des communes, ce sont des corps collectifs qui figurent comme tels au procès, et qui sont de même représentés par leurs maires en qualité de mandataires municipaux, si l'on peut se servir de cette expression.

Les sociétés de commerce sont aussi des personnes collectives qui ont, comme telles, une existence et des relations individuelles. Leur raison sociale, ou autrement leur désignation commerciale qui se compose du nom de l'un ou de plusieurs des associés, et de ces mots : *et compagnie ;* cette raison sociale caractérise leur *individualité,* c'est-à-dire leur existence et leur dénomination personnelle.

Les unions ou directions de créanciers sont également des espèces de sociétés que forment les créanciers d'un débiteur failli, sous la direction et administration de mandataires ou syndics chargés par la masse d'agir dans son intérêt, et de poursuivre le payement de ses créances. Or, quand ces syndics agissent ou figurent en justice , ils ne le font toujours qu'au nom et comme syndics ou mandataires de cette masse ou réunion de créanciers.

Que si les actions personnelles qu'on peut avoir contre le failli doivent être exercées contre les agens et syndics de la faillite , ceux-ci ne figurent au procès que comme représentant la masse qui représente elle-même le débiteur, et administre ses biens. La faillite est en effet un état de fraude présumée qui donne aux créanciers l'intérêt légitime , c'est-à-dire le droit de tout surveiller , de tout conserver , de tout défendre; et les créanciers deviennent par là même les mandataires légaux de leur débiteur dans leur propre intérêt., *procuratores in rem suam :* ce qui est le cas de l'action indirecte soit active, soit passive , qu'on exerce ou qu'on supporte en son nom personnel. (1)

Enfin, dans le cas des articles 667 et 760 du code de procédure civile , il y a encore une sorte d'union de créanciers formée par la loi elle-même pour épargner des frais, etc. , etc.

____

(1) V. sup. n. 17, et cod. civ. , art. 1166 et 1167.

Ainsi, à part l'exception relative à l'état et au roi, on peut dire que l'incapacité résultante *du principe de l'individualité* est absolue et sans restriction.

§. II.

De l'Extranéité.

151. Une seconde incapacité est celle qui résulte de *l'extranéité*, c'est-à-dire de la qualité d'étranger. Mais comme l'étranger n'est pas toujours privé de l'action, son incapacité n'est absolue que dans certains cas qu'il est nécessaire de faire connaître.

152. Le mot *étranger* vient du latin *extraneus*, peut-être originairement *exterraneus*, id est, *ex terrâ alienâ ortus*, vel *extra territorium natus, alibi natus*, d'où on a fait le mot *aubain*, par lequel on désigne l'étranger, et celui de *droit d'aubaine*, lequel droit consiste pour le gouvernement à succéder à l'étranger mourant en France, et ne laissant aucun régnicole pour héritier. (1)

Cette qualité d'étranger est au surplus toute relative. Les hommes ne peuvent être absolument étrangers les uns aux autres ; ils sont liés entr'eux tout au moins par les rapports de la grande société humaine, c'est-à-dire par les droits et les devoirs qui dérivent de la loi naturelle.

------

(1) V. cod. civ., art. 11.

Mais comme ils forment des sociétés particulières sous le nom de familles, de cités, de nations séparées, qui ont chacune leurs droits, leurs obligations, et leurs lois ; ils sont évidemment étrangers à tous les droits, obligations, ou lois, qui concernent privativement les sociétés, autres que la leur.

De là résulte pour l'étranger une privation pleine et entière des actions que produisent ces lois et relations qui ne sont pas les siennes ; et tant qu'il conserve sa qualité d'étranger, il y a pour lui en conséquence incapacité absolue de les exercer ou de les subir.

153. En appliquant ces réflexions générales plus particulièrement à l'individu qui n'est pas français, on peut voir d'une part, que ni les droits établis par la loi purement civile française, ni les obligations qu'elle impose, ne lui sont applicables, soit sous le rapport de sa personne, soit sous le rapport de ses biens non situés en France : et d'autre part, que si, en ce qui concerne le droit naturel ou le droit des gens, il peut s'en prévaloir par-tout comme on peut s'en prévaloir contre lui, il est pourtant encore, généralement parlant, incapable d'exercer en France les actions qui en proviennent ; vu que la juridiction des tribunaux français, et les formes de procéder par-devant eux, sont des institutions du droit civil, qui ne peuvent conséquemment le concerner.

Nous disons que les lois civiles françaises

ne s'appliquent ni activement, ni passivement à la personne de l'étranger, non plus
qu'aux biens qu'il a dans son pays; mais,
d'abord, s'il possède des biens situés en
France, il est clair que la loi française doit
les régir, comme tout ce qui fait partie du
territoire soumis à son empire (1). D'un autre
côté, si cet étranger habite ou réside, même
momentanément, en France; comme sa personne est protégée par les lois de police et
de sureté qui maintiennent l'ordre public,
il doit par réciprocité respecter et observer
ces lois, sous peine de subir les actions
qu'elles ont établies contre les infracteurs. (2)

Ajoutons à cela que si l'étranger, même
non résidant en France, y a contracté des
obligations envers un français, il est censé
par là même s'être soumis, pour l'exécution de ses engagemens, à la juridiction des
tribunaux français (3); et même, vu qu'il
offre à son créancier moins de sureté qu'un
domicilié, il est censé s'être soumis à l'application de la contrainte par corps d'une
manière plus rigoureuse que la loi n'y soumet les régnicoles, et dans des cas où elle
en exempte ces derniers. (4)

Lorsqu'au contraire c'est un français qui
a contracté des engagemens envers un étran-

---

(1) V. cod. civ., art. 3.
(2) Ibid.
(3) Ibid., art. 14. V. sup. n. 125.
(4) V. loi 10 septembre 1807, n. 2738 du bulletin des lois.

ger, on conçoit bien que celui-ci a le droit
d'en poursuivre contre lui l'exécution par-
devant ses juges naturels en France, et suivant les formes de la loi française ; mais
toujours, et par les mêmes motifs, à la condition de donner au français, s'il l'exige,
des garanties qui ne pourraient être exigées
d'un régnicole, c'est-à-dire à la charge de
fournir la caution appelée en droit *judicatum solvi*, pour assurer le payement des
adjudications qui pourraient être prononcées contre lui par le tribunal du français
défendeur, ou du moins de procurer à ce
dernier des sûretés équivalentes que la loi
a elle-même fixées. (1)

154. On conçoit qu'il doit y avoir exception à toutes ces règles, et que l'incapacité
de l'étranger doit cesser, lorsqu'il jouit en
France des droits civils, soit par la permission que lui aurait donnée le gouvernement
d'y établir son domicile, soit en vertu d'un
droit de réciprocité résultant des traités politiques existans entre son gouvernement et
le nôtre. Alors les principes ordinaires lui
sont applicables comme à un français. (2)

155. Il faut conclure de ce qui précède,
que l'incapacité, soit active, soit passive de
l'étranger, est absolue dans tous les cas, en
ce qui tient au droit purement civil français ;

------

(1) V. cod. civ., art. 16, et cod. de proc. civ., art.
166 et 167.
(2) V. c. civ., art. 11 et 13.

et que, par rapport aux actions du droit naturel et du droit des gens, elle est absolue
dans un seul cas, savoir lorsque la contestation s'élève entre deux étrangers.

D'abord elle est évidemment absolue, et
en toute circonstance, s'il s'agit de la jouissance des avantages sociaux attachés à la
qualité de français, ou de l'application des
règles relatives à la transmission des biens
par succession, etc., etc. Tous ces avantages, tous ces droits ne sont en effet que
le dédommagement des sacrifices faits à la
patrie par les régnicoles, et que ne supporte point l'étranger.

En second lieu, s'agît-il même de ces espèces d'actions qui dérivent du droit naturel ou du droit des gens, il y a encore incapacité absolue pour l'étranger de les exercer en France contre un étranger; car soit
que l'engagement ait été contracté en France,
soit qu'il l'ait été au dehors, il n'a pu l'être
par le débiteur qu'en conformité des lois
qui régissent les parties : or l'application de
ces lois étrangères n'appartient aux tribunaux français, ni par rapport à la personne
des contendans, ni par rapport à leurs biens
qui ne sont pas situés en France. (1)

Quant aux autres incapacités de l'étranger,
elles ne sont que relatives.

----

(1) V. le répertoire de Mr Merlin, au mot *étranger*,
§. 2. V. aussi arrêt de la Cour de Colmar, rapporté
dans le recueil Sirey, tom. 17, 2e part., p. 62, etc., etc.

§. III.

De la Mort civile.

156. La mort civile est la privation absolue et irrévocable de tous les droits civils, c'est-à-dire de tous les droits qui résultent de la loi purement civile. Il suit de
là que le mort civilement est absolument
incapable soit de réclamer les droits, soit
de subir les actions qui tiennent à cette espèce de loi.

Ainsi, non-seulement il est privé de la
propriété de ses biens, qui passent à ses héritiers par forme de succession *ab intestat;*

Non-seulement il ne peut plus ni acquérir par succession, donation ou testament,
ni transmettre à aucun de ces titres les biens
qu'il pourrait acquérir par quelqu'acte du
droit des gens;

Non-seulement le mariage qu'il avait
contracté est dissous, quant aux effets civils, et celui qu'il contracterait n'en peut
produire aucun;

Non-seulement il ne peut plus être ni tuteur, ni témoin instrumentaire (1), ni jouir
en un mot d'aucun des droits politiques ou
civils:

Mais encore, en ce qui est des actions du
droit naturel ou du droit des gens, quoi-

____

(1) *Instrumentum*, acte solennel d'un officier public.

qu'elles lui soient conservées ou qu'il puisse les acquérir, il ne peut les exercer que par le ministère d'un curateur *ad lites* que lui nomme le tribunal. (1)

Tels sont les effets de la mort civile, où l'on voit que l'incapacité qu'elle produit est absolue quant aux actions du droit civil, et relative quant à celles du droit naturel ou du droit des gens.

SECTION II.

De l'Incapacité relative.

157. L'incapacité relative ne prive pas l'incapable de son action, mais seulement de l'exercice de cette action, et la lói offre des moyens pour la couvrir.

Elle se couvre ou par la *représentation*, ou par l'*autorisation*, ou par la *représentation* et l'*autorisation tout ensemble*.

158. La *représentation* est un moyen de protection légale pour couvrir l'incapacité de celui qui ne peut agir ou se défendre par lui-même, comme le mineur non émancipé, ou l'interdit que son tuteur représente dans tous les actes civils (2); le mort civilement qui, ne pouvant exercer ses actions du droit naturel ou du droit des gens, est représenté à cet effet par son curateur (3);

___

(1) V. cod. civ., art. 25.
(2) Ibid., art. 450 et 509.
(3) Ibid., art. 25.

l'absent présumé, qui est représenté suivant les cas ou par un notaire , ou par un curateur , ou même par le ministère public (1) ; l'absent déclaré, qui l'est par les envoyés en possession provisoire ou définitive (2) , et le contumace qui , par rapport à l'administration de ses biens et à l'exercice de ses droits , est assimilé à l'absent. (3)

159. *L'autorisation* est un moyen légal pour *intégrer* la volonté de la personne qui n'a pas par elle-même une capacité suffisante. (4)

On peut distinguer l'autorisation de la loi , celle de la justice , et celle des personnes qui ont l'incapable sous leur puissance.

1° L'autorisation de la loi est nécessaire dans les cas où la personne n'est incapable d'agir que par l'effet d'un obstacle de droit que la loi seule peut faire cesser : nous en trouvons un exemple dans les art. 14 et 15 du code civil. Suivant le premier de ces articles , l'étranger peut être traduit par le français devant un tribunal de France pour les obligations par lui contractées en pays étranger envers ce français ; et si l'étranger n'est pas résidant en France , il peut et doit

---

(1) Ibid., art. 112 , 113 et 114.
(2) Ibid., art. 120 et suiv.
(3) Ibid. , art. 28.
(4) Intégrer , *integrare* , compléter , rendre suffisant. V. notre définition de l'action.

l'être par-devant le tribunal du demandeur.
Suivant le second, le français peut être traduit par l'étranger devant un tribunal de
France pour des obligations contractées envers ce dernier en pays étranger.

Or, il est clair que si ces dispositions
n'existaient pas, il y aurait incapacité pour
le demandeur de porter l'action devant un
tribunal français.

Ce qui produirait l'incapacité, c'est d'a-
bord dans les deux cas que l'obligation étant
supposée contractée en pays étranger, ne
peut avoir été formée par les parties qu'en
conformité des lois de ce pays, et que l'application des lois ne peut se faire que par
les tribunaux du lieu, qui seuls sont obligés de les connaître.

En second lieu, le principe : *actor sequitur forum rei*, serait encore un obstacle
particulier à l'exercice de l'action dans le
cas de l'art. 14 du code, si l'étranger n'é-
tait point résidant en France.

Pour lever cette double incapacité, il ne
fallait donc pas moins que la permission
donnée par les articles cités, et que nous appelons autorisation de la loi, parce qu'elle
résulte directement et immédiatement de
sa disposition précise.

Les autres autorisations sont en effet légales, en ce que la loi les a établies; mais elles
ne le sont point directement, puisqu'elles
doivent être données ou par les tribunaux,
ou par les protecteurs légaux de l'incapable.

2º L'autorisation de la justice est nécessaire dans certains cas où, suivant la loi, toute personne indistinctement est incapable d'agir sans cette formalité.

Si, par exemple, on veut s'inscrire en faux contre un acte, il faut qu'au préalable on y ait été autorisé par un jugement qui admette l'inscription. (1)

Si l'on veut prendre un juge à partie, on ne le peut sans une autorisation ou permission préalable du tribunal devant lequel la prise à partie devra être portée. (2)

De même les pourvois en cassation dans les matières civiles, doivent être autorisés par un arrêt d'admission de la section des requêtes de la cour de cassation. (3)

De même encore, la femme qui ne peut obtenir l'autorisation de son mari, dans les cas où la loi l'exige, doit se pourvoir de celle de la justice. (4)

3º Quant à l'autorisation des protecteurs légaux, elle sert à couvrir l'incapacité de ceux que la loi déclare ne pouvoir agir en certains cas sans l'assistance de ces protecteurs : telle est celle du mari à l'égard de sa femme (5), celle du curateur à l'égard

----

(1) V. c. de proc. civ., art. 218.
(2) Ibid., art. 510.
(3) V. loi du 27 ventôse an 8, art. 60.
(4) V. les art. 218, 221, 222, 224 du cod. civ., et les art. 861 et suiv., et 878 du cod. de proc. civ.
(5) Cod. civ., art. 215, 217.

du mineur émancipé, ou du conseil judiciaire par rapport au prodigue (1), etc.

160. Enfin, les deux moyens réunis de
la *représentation* et de l'*autorisation*, sont
nécessaires en certains cas pour sauver les
intérêts et assurer les droits de ceux qui ne
peuvent agir par eux-mêmes : ainsi non-
seulement le mineur non émancipé n'est
point recevable à exercer ses actions immobilières, mais son tuteur lui-même ne
peut introduire ces espèces d'actions sans
l'autorisation du conseil de famille. (2)

De même, outre que les communes et
les établissemens publics ne peuvent agir
que par leurs administrateurs ou représentans, il faut encore que ces représentans y
soient autorisés par le conseil de préfec-
ture. (3)

____

(1) Cod. civ., art. 482 et art. 513.
(2) Ibid., art. 464.
(3) V. art. 4 de la loi du 28 pluviôse an 8; art.
1032 du cod. de proc. civ., etc.

TITRE IV.

Des Exceptions.

161. Par le mot *exceptions*, on entend
en général tous les moyens qu'emploie le
défendeur pour repousser la demande.

Ce mot vient du latin *excipere*, recevoir,
*quasi excipere in clypeo, et repellere adver-
sarii tela*, opposer son bouclier aux traits de
son adversaire pour les repousser, etc. (1)

Ainsi le défendeur agit en sens inverse
de la demande, il réagit contre elle ; sa défense est une action répulsive, à laquelle
s'appliquent les principes généraux des actions, ainsi que nous en avons déjà fait
l'observation. (2)

Sous ce premier point de vue, le mot
exception se confond, comme on voit, avec
celui de *défense*. Soit donc que le défendeur se borne dans ses réponses à une simple
dénégation de la créance ou des faits sur
lesquels elle est fondée ; soit qu'il énonce
une proposition affirmative pour repousser
l'action sous le rapport du droit, ou du
fait, ou de la forme de procéder ; soit qu'il
ait en vue de faire tomber l'action du demandeur, ou pour toujours, ou pour un

---

(1) V. Vinnius, instit. *de except.*
(2) V. sup. n. 7.

temps seulement : il y a dans tous ces cas contestation de sa part, contradiction, défense, et conséquemment *exception*. (1)

Il est pourtant facile de se convaincre que ces différentes manières de se défendre doivent présenter des caractères, produire des effets, et se régir par des principes différens.

Autre chose est en effet de nier la dette, ou d'alléguer soit un fait, soit un droit contraire; autre chose est d'attaquer la demande en elle-même relativement au fond du droit, ou de chercher à l'écarter par des considérations indépendantes de l'examen du fond.

Celui qui nie, joue dans la cause un rôle purement passif; il n'a rien à faire, il ne fait rien pour repousser une action qu'il prétend seulement ne pas le concerner. Aussi n'a-t-il rien à prouver, si le demandeur ne prouve pas lui-même son droit. *Actore non probante*, etc. (2)

Celui qui affirme, au contraire, se rend par là même personnage actif dans la cause, puisque son adversaire n'a besoin que d'une simple dénégation pour lui répondre. C'est en ce sens que les lois appellent demandeur

---

(1) Observons que la contestation se compose des moyens respectifs des parties, en sorte qu'elles se défendent l'une contre l'autre; raison pourquoi on donne le nom d'exceptions en général à tous les moyens qu'elles emploient respectivement pour repousser les prétentions l'une de l'autre.

(2) L. 1 et 4, cod. *de edendo*. V. sup. n. 140.

le défendeur qui propose une exception affirmative. *Reus in exceptione, actor est.* (1)

Quand le défendeur s'attaque à la demande au fond pour la détruire en tout ou en partie, il ne détourne pas le trait de son adversaire; il l'attend, le saisit en quelque sorte, et cherche à le rompre de force : c'est comme un combat corps à corps qui s'établit entre les contendans.

Lorsqu'au contraire sans engager la lutte sur le fond du droit, c'est-à-dire sur la question de droit principale d'où dépend la légitimité ou l'illégitimité de la demande, il se défend seulement par des motifs accessoires résultans de la position relative où se trouvent les parties; c'est alors, et dans ce cas seulement, qu'il oppose comme un bouclier à la lance de son ennemi, pour en détourner ou en repousser les atteintes : c'est là ce qu'on entend proprement par le mot *exception*.

Ainsi, dans la théorie, on confond les exceptions et les défenses; dans la pratique, on les distingue. Nous pouvons en conséquence diviser les exceptions en deux classes : savoir les exceptions de théorie, et les exceptions de pratique. Par les premières, nous entendons tous les moyens généralement quelconques du défendeur; par les secondes, nous entendons seulement les moyens indépendans du fond du droit.

____

(1) L. 1, ff. *de except.*, et sup. n. 141.

CHAPITRE PREMIER.

Des Exceptions de théorie.

162. En considérant les exceptions sous leur rapport général et théorique, c'est-à-dire comme embrassant indistinctement tous les moyens employés par le défendeur, nous devons d'abord y appliquer un principe commun dont nous avons déjà parlé précédemment; c'est que toute la faveur des lois est due à la défense, pour balancer l'avantage qu'a naturellement un agresseur. (1)

Il suit de là plusieurs conséquences : la première est que, tandis que la loi interdit au demandeur l'exercice de plusieurs actions ayant le même objet, si une seule peut lui suffire (2), elle permet au contraire que le défendeur propose simultanément toutes les exceptions qu'il peut avoir, pourvu qu'elles ne se détruisent pas l'une l'autre. (3)

Une seconde conséquence, c'est que les actions dont la loi a limité la durée à un certain temps, sont néanmoins perpétuelles, en ce sens qu'elles peuvent toujours être proposées par forme d'exception : *quae sunt*

---

(1) V. disc. prélim., n. 6; et sup. n. 140.

(2) L. 43, ff. *de reg. jur.*

(3) *Omnis enim ratio expediendæ salutis, honesta est,* dit Cicéron *pro Milone.* V. L. 5 et 8, ff. *de exceptionib.,* et 43 *de reg. jur.;* Viunius, Instit. *de except.*

temporalia ad agendum, sunt perpetua ad excipiendum. Et cela est fondé sur ce qu'il dépend toujours du demandeur d'agir quand il le veut; au lieu que le défendeur n'a pas cette faculté, et qu'il ne peut se servir de ses exceptions que quand la demande lui est formée. (1)

De là on induit également que celui qui pourrait exercer tel droit par forme d'action, le peut à plus forte raison par forme d'exception : *qui habet actionem, multò magis et exceptionem,* etc., etc.

163. Cela posé, on divise les exceptions de théorie en deux classes, savoir : en *exceptions perpétuelles,* ou *temporaires;* et en *exceptions personnelles,* ou *réelles.*

1° Les exceptions *perpétuelles,* autrement dites *péremptoires,* sont celles qui s'attaquant à l'action elle - même pour la détruire (du mot latin *perimere,* détruire), peuvent toujours être opposées, c'est-à-dire tant que l'action subsiste, ou jusqu'au jugement du procès. (2)

––––––––

(1) L. 5 , §. 6, ff. *de doli mali et metûs except.* V, cod. Fab., liv. 7, tit. 13, défin. 6.

(2) Après le jugement, elles revivent en cas d'appel de ce jugement; parce que l'action renaît elle-même.

Il y a aussi quelques exceptions qui peuvent être proposées non - seulement jusqu'au jugement, mais contre l'exécution du jugement; ce sont celles qui tiennent lieu du payement de la dette , comme la compensation, le bénéfice de compétence, la cession de bien, etc. V. Perez. lib. 8, C. *de except.* n. 12 et seqq.

Les exceptions *temporaires*, qu'on appelle aussi *dilatoires*, sont celles qui n'ont point pour objet de faire tomber l'action, mais seulement d'en retarder le jugement ou l'effet, et qui en conséquence doivent être proposées avant la discussion du procès au fond, *à limine litis*. Elles sont *dilatoires*, en ce qu'elles ne tendent qu'à différer l'exercice ou l'effet de l'action (du verbe *differre, distuli, dilatum*); elles sont *temporaires*, en ce qu'elles n'ont qu'un temps pour être proposées, après quoi on n'y est plus recevable.

Par exemple, l'exception de la remise de la dette, de la compensation, du serment, de la chose jugée, de la prescription, ou toute autre semblable qui a pour objet de détruire l'action, est en conséquence *péremptoire* ou *perpétuelle*.

Au contraire, l'exception que propose le défendeur, pour qu'avant tout son adversaire lui communique ses titres, ou mette en règle sa procédure, ou pour qu'on lui donne à lui-même le temps d'appeler en cause son garant, de préparer sa défense, etc.; l'exception d'incompétence, celle de discussion qui appartient à la caution, ou qui appartient au tiers détenteur assigné en délaissement de l'immeuble hypothéqué, celle de la caution *judicatum solvi* accordée par la loi au français poursuivi en France par l'étranger, ou toute autre exception de même nature qui laisse subsister l'action et ne tend qu'à en différer la poursuite, est en conséquence *dilatoire* ou *temporaire*. (1)

2° Les exceptions sont encore ou *personnelles*, ou *réelles*.

On appelle *personnelles* ou *non-transmissibles*, celles qui appartiennent exclusivement à une personne, en sorte qu'elles ne peuvent servir à ceux qui ont cautionné sa dette; quelques-unes même sont tellement personnelles, qu'elles ne passent point aux héritiers de cette personne, ni à plus forte raison à ses cautions.

Les exceptions qui ne peuvent être proposées par les fidéjusseurs, mais qui peuvent l'être par les héritiers, sont, par exemple, celle de la restitution pour cause de minorité, celle du terme de grâce accordé par le juge, etc.

Le bénéfice de compétence, en vertu duquel le débiteur ne peut être condamné au-delà de ce qu'il peut faire, et tous autres avantages accordés au débiteur, soit par la loi, soit par le créancier, en considération de sa personne seulement, ne passent ni aux fidéjusseurs, ni aux héritiers de ce débiteur.

On appelle au contraire *réelles* ou *transmissibles* les exceptions qui sont inhérentes

____

(1) V. §. 8, 9, 10 et 11, instit. *de exceptionib.*, ff. et cod. cod.; Vinnius, Perez., Schneidewin, Ferrière, etc., *de exceptionib.*

à la chose, et qui détruisent l'action au fond.
Ces exceptions sont transmissibles non-seulement aux héritiers, mais aux cautions du
débiteur : *aux héritiers*, qui succédant à la
chose, succèdent nécessairement à l'exception ; *aux cautions*, qui ne peuvent plus
être engagées accessoirement, quand l'obligation principale est éteinte. Telles sont les
exceptions du payement et de tout ce qui
en tient lieu, celle du dol ou de la crainte,
celle du terme de droit, c'est-à-dire du délai stipulé pour le payement, etc., etc. (1)

Nous n'en dirons pas davantage sur les
exceptions de théorie, dont les règles ont
plus de rapport avec le droit civil qu'avec
l'objet de ces traités.

CHAPITRE II.

Des Exceptions de pratique.

164. Nous avons appelé de ce nom tous
les moyens respectivement proposés par les
parties, abstraction faite du fond du droit.
Pour en faire connaître l'objet général,
il faut d'abord les diviser en deux classes,
savoir *les fins de non-procéder*, et *les fins
de non-recevoir*.

On appelle *fins de non-procéder* les exceptions de pratique, ou moyens non tirés

---

(1) V. §. 4, instit. *de replicationib.*, et les commentateurs.

du fond, qui ont *pour fin*, c'est-à-dire pour but d'*empêcher qu'on ne procède* sur l'instance intentée, soit parce que le tribunal est incompétent pour en connaître, soit parce que la procédure faite jusque-là par la partie adverse est nulle, soit parce qu'on a intérêt et droit de demander un délai pour préparer ses moyens, ou pour appeler un garant, ou pour toute autre cause.

On appelle *fins de non-recevoir* les exceptions de pratique, ou moyens non tirés du fond, qui ont *pour fin*, c'est-à-dire pour but d'*empêcher* que l'action ou la défense de l'adversaire *ne soit reçue* ou écoutée par le tribunal, quelque juste qu'elle puisse être au fond; comme si l'on oppose, par exemple, que les droits dont il se prévaut sont prescrits, ou qu'un jugement passé en force de chose jugée l'en a débouté, ou qu'il y a renoncé soit expressément, soit tacitement, etc., etc.

Toutes les exceptions de pratique se rangent dans l'une ou dans l'autre de ces deux classes générales.

165. Il y en a quatre espèces différentes, qui sont : 1º les exceptions *déclinatoires*; 2º les exceptions *péremptoires de l'instance*; 3º les exceptions *dilatoires*; 4º les exceptions *péremptoires de l'action*.

Les trois premières espèces renferment *les fins de non-procéder*; la quatrième comprend *les fins de non-recevoir*.

1º Par exception *déclinatoire*, on entend celle qui a *pour fin* de décliner la juridiction du tribunal saisi, ou de l'un de ses membres, c'est-à-dire d'éviter son jugement, d'empêcher qu'il ne juge, vu qu'on le prétend incompétent ou récusable. Ce mot vient du latin *declinare*, qui signifie fuir, éviter.

2° L'exception *péremptoire de l'instance* est celle qui a *pour fin* de faire annuller (du mot *perimere*, détruire) la procédure faite par l'adversaire.

3° On donne à la troisième espèce le nom d'exceptions *dilatoires* (du mot *differre*, retarder), parce qu'elles ont *pour fins* d'obtenir un délai, et de faire différer en conséquence la discussion et le jugement du procès.

4° Enfin, on appelle exception *péremptoire de l'action*, celle qui a *pour fin* de faire déclarer périmée ou détruite, non la procédure, mais l'action elle-même.

166. De ce que cette dernière espèce d'exceptions a pour objet l'extinction de l'action, il s'ensuit qu'elle est par sa nature *perpétuelle*, c'est-à-dire qu'elle peut être proposée en tout état de cause, et jusq...à la reddition du jugement; car celui à qui elle appartient, ayant à combattre jusqu'au jugement l'action de son adversaire, ne peut point être présumé, quelle qu'ait été jusque-là sa défense, avoir renoncé à l'emploi d'un moyen qui tend à détruire cette action.

Cependant si, au lieu de faire valoir l'exception péremptoire d'action, on avait présenté des défenses sur le fond, n'aurait-on pas implicitement reconnu par là que l'action était recevable? Nous ne le pensons point, vu que cette espèce d'exception ayant pour but la destruction de l'action, aussi bien que les moyens du fond, il est naturel de les employer cumulativement pour assurer sa défense; d'où il suit qu'aucune renonciation ne peut être raisonnablement induite du silence qu'on a gardé. Seulement, en cas de négligence affectée de l'emploi de l'exception, tous les frais qu'aurait occasionés frustratoirement cette négligence, devraient être à la charge de celui qui l'aurait commise, suivant la règle générale : *que les frais sont la peine du téméraire plaideur*.

Au contraire, il est de la nature des trois autres espèces qui sont fins de non-procéder, d'être purement *temporaires*, c'est-à-dire de ne pouvoir être proposées que dans leur temps respectif, ou en d'autres termes, dans leur ordre naturel et légal.

167. Du reste, ce qu'il y a de commun à toutes les exceptions de pratique, c'est qu'elles sont plutôt *réelles* que *personnelles*, quelle que soit la cause d'où elles dérivent, en ce que non-seulement celui à qui elles appartiennent, mais sa caution, si elle est en cause, et ses héritiers, lorsqu'ils reprennent l'instance, peuvent également les opposer : telle est du moins leur nature générale, à très peu d'exceptions près. La raison en est que, s'appliquant ou à l'ins-

tance ou à l'action, elles sont en conséquence inhérentes à la chose, et non à la
personne.

168. Revenons à l'ordre dans lequel doivent être proposées les fins de non-procéder.

La première en ordre est l'exception déclinatoire.

La seconde est l'exception de nullité de
procédure, ou péremptoire d'instance.

L'exception dilatoire vient ensuite.

Il ne faut qu'un peu de réflexion pour se
rendre compte des motifs de cet ordre dans
lequel doivent être présentées les fins de non-
procéder.

En effet, a-t-on paru devant un tribunal
incompétent : si, au lieu de décliner sa juridiction, on critique la procédure de son
adversaire, ou qu'on demande quelque délai, ou qu'on propose soit une fin de non-
recevoir, soit une défense au fond ; il est
clair que par cela seul on reconnaît la juridiction, et que l'on consent à s'y soumettre : or, pour opérer ainsi la prorogation du juge, c'est-à-dire pour renoncer à
contester sa compétence, non-seulement la
volonté expresse de la partie intéressée,
mais son consentement tacite suffit, lorsque
l'incompétence du juge ne tient point à
l'intérêt public (1). Dira-t-on que proposer

______

(1) V. ci-après le traité de la compétence et de la
prorogation.

le déclinatoire au juge, c'est le reconnaître
compétent? Sans doute, pour prononcer
sur ce déclinatoire seulement; car le déclinatoire est une question préjudicielle qui
n'a aucune liaison directe avec le fond et
les accessoires de la cause. Ainsi, reconnaître la juridiction pour le jugement du
déclinatoire, ce n'est pas le reconnaître
pour le jugement de la cause ou des accessoires de la cause.

De même, la juridiction étant reconnue,
si au lieu de proposer les nullités de la procédure faite par la partie adverse, on demande un délai pour plaider ou instruire
la cause, ou qu'on discute soit les fins de
non-recevoir, soit les moyens du fond; saisir de la sorte le tribunal, sur une procédure qu'on n'a point attaquée, c'est renoncer tacitement aux nullités d'ordre privé que pourrait contenir cette procédure :
or les nullités d'ordre privé n'étant établies
qu'en faveur des parties, elles peuvent y
renoncer, même tacitement.

Enfin, le tribunal étant compétent et la
procédure valable, si au lieu de proposer
l'exception dilatoire, on se livre à la discussion des fins de non-recevoir, ou du
fond; il est évident qu'après avoir ouvert
cette discussion, on ne peut plus demander
un délai pour s'y livrer.

169. Observons au surplus, en ce qui concerne les exceptions déclinatoires et péremptoires de l'instance, qu'elles ne sont astreintes

à l'ordre ci-dessus, qu'autant qu'elles sont relatives à un intérêt purement privé; car si l'exception déclinatoire est fondée sur une incompétence d'ordre public, telle qu'est l'incompétence territoriale, ou matérielle, ou juridictionnelle; ou bien si l'exception péremptoire de l'instance dérive d'une nullité d'ordre public, telle que le défaut de caractère dans l'officier ministériel, le défaut d'autorisation d'une commune, l'omission du préliminaire de la conciliation : en tous ces cas qui tiennent à l'intérêt public, les parties ne pouvant renoncer à l'exception, sont conséquemment recevables à la proposer en tout état de cause.

170. La loi trace pour les fins de non-procéder le même ordre que nous venons d'indiquer, à cette différence près, que l'exception de la caution *judicatum solvi*, quoique purement dilatoire, est placée par elle au premier rang : après quoi viennent 1° les exceptions déclinatoires ; 2° les exceptions péremptoires de l'instance ; 3° les exceptions dilatoires, autres que celle de la caution.

Arrêtons-nous un instant sur ces diverses sortes d'exceptions, et rendons compte des règles les plus générales qui concernent chacune d'entr'elles. Nous verrons dans le traité analytique sur le code judiciaire quelles sont les formes qu'il faut suivre pour les présenter en justice.

CHAPITRE III.

De l'Exception de la caution judicatum
solvi, *contre l'étranger.*

171. Cette exception de la caution *judicatum solvi,* est celle que la loi donne au
français contre l'étranger qui lui forme une
demande principale (1). Elle est ainsi appelée, parce qu'elle tend à repousser l'action
de l'étranger, jusqu'à ce qu'il ait fourni caution pour sureté du payement des adjudications, c'est-à-dire des condamnations de
dépens et de dommages-intérêts résultans
du procès, qui pourront être prononcées
contre lui. (2)

172. Elle peut et doit même être proposée en premier ordre.

Elle le peut; par la raison 1° que tout
tribunal français saisi par l'étranger est nécessairement compétent pour protéger un
français contre son agression. 2° Que la
discussion de quelque exception que ce soit
ne pouvant avoir lieu sans frais, il faut bien
que l'on commence par assurer au français
défendeur le payement de ces frais.

Elle le doit; parce que la sureté légale
qu'elle procure, ne concerne que l'intérêt
privé du français défendeur qui peut y re-

---

(1) V. sup. n. 153.
(2) V. cod. de proc. civ., art. 166; et cod. civ.,
art. 16.

noncer, et qui doit être présumé l'avoir fait, s'il a entamé une discussion ultérieure avec son adversaire.

Inutilement opposerait-on l'art. 169 du code de procédure civile, d'après lequel l'exception déclinatoire doit être déclarée non-recevable si elle n'est proposée avant toutes autres exceptions et défenses; car l'art. 166 de ce code renferme une disposition semblable par rapport à la caution *judicatum solvi*. Et qu'on ne croie pas qu'il y ait ici contradiction entre les deux articles, ou que la loi, par des expressions identiques, ait entendu placer ces deux exceptions au même rang, et en autoriser confusément l'emploi successif ou simultané. Ce serait accuser le législateur d'irréflexion ou d'inconséquence, et l'on doit d'autant moins se permettre une telle témérité, que non-seulement l'ordre qu'il a voulu suivre est tracé par lui-même, mais que cet ordre est naturel et conforme à la raison, comme nous venons de le dire plus haut.

173. La caution *judicatum solvi* ne peut être exigée que de l'étranger ou du français qui l'est devenu. Tout régnicole, tout étranger même jouissant en France des droits civils, en doit être dispensé. Encore l'étranger ne la doit-il que lorsqu'il intente une action principale introductive, ou par intervention; car lorsqu'il n'est que défendeur, et qu'en cette qualité il forme une demande réconventionnelle même principale, la défense qui est

le droit naturel lui appartient sans condition.

Il en est de même s'il ne fait que poursuivre l'exécution d'un titre paré, c'est-à-
dire revêtu de la formule exécutoire ; car il
ne s'agit plus pour lui de réclamer un droit
litigieux, mais d'exercer un droit acquis :
c'est la distinction admise par un arrêt de
cassation du 9 avril 1807 qu'on trouve dans
le recueil Sirey 1807, page 308 ; et néan-
mois la question ne nous paraît pas sans
difficulté. (1)

Mais de quelque nature que soit la demande formée par l'étranger, soit civile ou
criminelle ou administrative, et devant quelque tribunal qu'il l'ait portée, l'exception
lui est opposable. Il faut cependant excepter les matières commerciales dans lesquelles
la loi l'en dispense, et cela par un motif
d'intérêt public qui se présente de lui-même
à l'esprit. Ainsi, dans ces sortes de matières,
l'étranger ne doit pas la caution comme
étranger ; ce qui n'empêche pas que, comme
les français eux-mêmes, il ne puisse y être
astreint par ordonnance du président du tribunal de commerce, suivant l'exigence des
cas. (2)

174. Si l'on n'avait pas demandé caution
à l'étranger en première instance, le pourrait-on en cause d'appel ? Il suit de ce qui

---

(1) V. cod. civ. et cod. de proc., art. cit.
(2) V. ibid., et art. 417 et 423 du cod. de proc. civ.

a été dit sur la nature de cette exception, qu'on ne pourrait y être recevable qu'autant qu'on aurait fait défaut en cause principale; puisque par-là même qu'on aurait présenté ou des défenses ou des exceptions quelconques, on serait censé y avoir renoncé implicitement. (1)

175. On pourrait croire que l'exception dont nous parlons n'ayant été introduite que par le droit purement civil français, des étrangers plaidant l'un contre l'autre en France, seraient non-recevables à s'en prévaloir. Cependant si les lois françaises ont principalement en vue de protéger les français, il est certain que cette protection n'est point exclusive en leur faveur. La France est une terre éminemment hospitalière, et l'exception de la caution *judicatum solvi* tient encore plus aux principes de l'équité naturelle, qu'à la rigueur du droit étroit. Si on le pensait ainsi dès le seizième siècle, comment pourrait-on en juger autrement dans l'état actuel de la civilisation ? (2)

176. Nous nous proposerons une dernière question, qui est celle de savoir si la caution *judicatum solvi* est légale ou judiciaire. L'intérêt de cette question porte sur la différence que la loi établit entre la caution légale et la caution judiciaire, celle-ci étant exclue du bénéfice de discussion, et soumise

---

(1) V. le rép. de Merlin, tom. 2, p. 103.
(2) V. ibid., pag. 104.

à la contrainte par corps, tandis que l'autre
ne l'est pas. (1)

Les raisons pour regarder comme judiciaire la caution *judicatum solvi*, seraient,
1° qu'elle doit être demandée, donc ordonnée par jugement; 2° que suivant la loi du
10 septembre 1807, n. 2788 du bulletin, les
étrangers sont contraignables par corps pour
l'exécution de toutes condamnations prononcées contre eux au profit d'un français;
disposition qui serait éludée, si la caution
de l'étranger n'était pas liée par la même
obligation.

Mais ces raisons n'ont point de solidité.
D'abord, de ce que l'étranger est contraignable pour l'acquittement des adjudications qu'un français a obtenues contre lui,
il ne s'ensuit nullement que sa caution
doive l'être; à moins qu'elle ne s'y soit
soumise expressément (2). En second lieu,
si l'étranger est soumis à la contrainte personnelle par la loi du 10 septembre 1807,
c'est parce qu'il est présumé n'offrir par
lui-même aucune autre sureté (3). Troi-
sièmement, quand la caution de l'étranger se
trouverait contraignable comme lui-même,
il ne s'ensuivrait pas qu'elle dût être déclarée judiciaire. Une caution est en effet
contraignable, parce qu'elle est judiciaire;

---

(1) V. cod. civ., art. 2040 et 2042.
(2) Cod. civ., art. 2060, §. 5.
(3) Arg. de l'art. 3 de lad. loi du 10 sept. 1807.

mais elle n'est pas judiciaire, parce qu'elle est contraignable. Ce qui la fait judiciaire, c'est qu'elle soit ordonnée par un jugement, sans qu'elle ait été stipulée par une convention, ou prescrite par une loi. Or la caution *judicatum solvi* est prescrite par la loi dans les cas qu'elle a prévus, et les juges ne peuvent pas alors se dispenser de l'ordonner, si elle a été requise par le défendeur.

CHAPITRE IV.

Des Exceptions déclinatoires.

177. Les exceptions déclinatoires sont, comme nous l'avons déjà dit, celles qui ont pour but d'empêcher soit le tribunal, soit l'un ou plusieurs de ses membres, de prononcer sur la contestation qui divise les parties.

Elles sont recevables par-devant tous tribunaux, et en quelque matière que ce soit, civile, commerciale, criminelle, ou administrative.

Quand elles sont proposées contre le tribunal, elles sont *exceptions de renvoi*, c'est-à-dire tendantes à se faire renvoyer devant un autre tribunal.

Quand elles le sont contre un ou plusieurs membres du tribunal, elles sont *exceptions de récusation*, c'est-à-dire tendantes à empêcher ces magistrats de prendre part à l'instruction et au jugement de la cause.

Les exceptions de renvoi dérivent de deux causes, qui sont l'*incompétence* et la *suspicion légitime*.

La *suspicion légitime* donne seule ouverture à l'exception de récusation,

SECTION PREMIÈRE.

Des Exceptions de renvoi.

178. Les exceptions de renvoi sont, par leur nature, préjudicielles et suspensives; elles ne peuvent être ni réservées par le tribunal, ni jointes au fond du procès pour être jugées avec le fond par un seul et même jugement (1). La raison en est qu'avant de s'occuper du fond, il faut bien qu'il soit décidé que le tribunal a le droit d'en connaître : aussi la loi ouvre-t-elle la voie d'appel contre le jugement sur le déclinatoire, quand même celui sur le fond n'en serait point susceptible. (2)

Ainsi le tribunal, s'il admet l'exception, doit se borner à renvoyer la cause devant les juges qui en doivent connaître; et s'il la rejette, il ordonne que les parties plai-

____

(1) Cod. de proc. civ., art. 172.

(2) Ibid., art. 454. Observons que si le tribunal qui a rendu le jugement sur le déclinatoire n'est pas tribunal du premier degré, il n'y a pas lieu au moyen d'appel, mais seulement à celui de la cassation. V. ci-après le traité des jugemens, et celui de l'organisation judiciaire.

deront sur le fond. Dans ce dernier cas,
il y a deux jugemens rendus : l'un qui dé-
boute du déclinatoire, et l'autre qui prononce au fond.

Cependant la loi fait une sorte d'exception
à cette règle générale par rapport aux tribunaux de commerce, en ce qu'elle les autorise
à juger la cause en rejetant le déclinatoire,
et ce par une seule et même décision : ce qui
n'a d'autre but que d'épargner les lenteurs
et les frais de deux jugemens séparés (1).
Mais la question de renvoi est toujours
préjudicielle ; et même la loi exige en ce
cas deux dispositions distinctes, l'une sur
la compétence, l'autre sur le fond, afin
qu'on puisse se pourvoir par appel contre
la première, lors même que la seconde serait souveraine par sa nature. (2)

179. Nous avons dit que ce qui donnait
lieu aux exceptions de renvoi, c'était l'incompétence, et la suspicion légitime. La
nature de ces exceptions est la même en général, quelle que soit la cause d'où elles proviennent. Il y a pourtant certaines différences à observer entre elles, en raison de
leur origine différente : raison pourquoi
nous les examinerons séparément.

---

(1) Cod. de proc. civ., art. 425.
(2) Ibid.

§. Ier.

Du Renvoi pour incompétence.

180. On dit que le tribunal est compétent ou incompétent, suivant qu'il a ou qu'il
n'a pas le pouvoir de juger la cause qui lui
est soumise; ce pouvoir qui lui appartient
dans le premier cas, et ne lui appartient
pas dans le second, *(potestas quæ ei competit, vel non competit)*, constitue sa *compétence*, ou son *incompétence*.

181. L'*incompétence* d'un tribunal est
absolue ou *relative* : elle est *absolue*, lorsqu'elle tient directement ou indirectement
à l'intérêt public; elle est *relative*, lorsqu'elle n'est établie que dans l'intérêt personnel des parties.

182. Il y a incompétence absolue, si la
cause portée devant le tribunal est étrangère à ses attributions matérielles : comme
si une question d'état est portée devant un
tribunal commercial ou administratif, ou
une question criminelle devant un tribunal
civil, etc. (1)

183. Il y a encore incompétence absolue,
dans le cas de la *connexité* et de la *litispendance*. Le cas de la *connexité* est celui

____

(1) V. le traité de l'organisation judiciaire et de la
compétence.

où une cause intentée devant le tribunal a un rapport intime et nécessaire avec une autre cause précédemment liée devant un autre tribunal; tellement que si elles étaient jugées séparément, il pourrait en résulter l'inconvénient de deux jugemens contradictoires. Ainsi ces causes, quoique distinctes, sont intimement liées entre elles, c'est-à-dire connexes *(inter se connectuntur)*, soit qu'elles soient identiques par leur nature, soit que le jugement de l'une doive influer sur le jugement de l'autre. Par exemple en matière civile, si un créancier poursuit séparément ses débiteurs solidaires chacun devant le tribunal de son domicile respectif (1), ces instances séparées étant identiques et connexes, le second tribunal saisi doit renvoyer devant le premier, s'il a connaissance de la précédente action. De même en matière criminelle, si le complice était poursuivi séparément de l'auteur de l'infraction, il devrait être renvoyé par-devant les juges ou officiers de police judiciaire saisis de la poursuite principale, etc., etc.; et si les instances connexes se poursuivaient devant le même tribunal, on devrait en prononcer la jonction, pour éviter des jugemens séparés, etc.

Le cas de la *litispendance* est celui où le même procès qui est ouvert dans un tribunal, est ensuite intenté par-devant un autre tribunal. Alors il y a même nécessité, et

____

(1) V. code civil, art. 1204.

plus forte encore s'il est possible, pour le second tribunal saisi, d'en ordonner le renvoi au tribunal où il est *pendant* (c'est-à dire où les droits des parties sont en suspens jusqu'à ce que le jugement les détermine) : c'est de là qu'on a fait le mot *litispendance*, *litispendentia*, du mot *lis*, *litis*, procès, et du verbe *pendere*, *pendeo*, être en suspens. Pour qu'il y ait *litispendance*, il faut que la chose demandée soit la même, que la demande soit fondée sur la même cause, que la demande soit entre les mêmes parties, et formée par elles ou contre elles en la même qualité. (1)

184. Nous disons que dans les différens cas ci-dessus, l'incompétence est absolue; parce qu'elle est fondée sur des motifs qui tiennent directement ou indirectement à l'intérêt public: et de là nous concluons que l'exception de renvoi peut être proposée en tout état de cause; que même, abstraction faite de toute demande de la part des parties, le ministère public peut réquérir le renvoi, et le tribunal l'ordonner de son office. Mais il faut pourtant distinguer entre l'incompétence absolue directe, et l'incompétence absolue indirecte : en ce que, dans le cas de la première, non-seulement le renvoi peut, mais doit être ordonné d'office par le tribunal; au lieu que, dans le cas de la seconde, le tribunal peut se dispenser du

____

(1) V. cod. civ., art. 1351.

renvoi, s'il n'est ni demandé par les parties, ni requis par le ministère public. Or l'incompétence n'est qu'indirecte, quand elle est fondée sur la connexité ou la litispendance ; elle est directe dans tous les autres cas (1). Que la connexité et la litispendance ne constituent qu'une incompétence absolue indirecte, la raison en est simple : c'est que si l'ordre public semble s'opposer et s'oppose en effet à ce qu'on multiplie les procès sans nécessité, les parties ont encore un intérêt plus direct à cette économie, et l'intérêt public ne paraît là qu'en second ordre. Cet intérêt public est au contraire celui qui prévaut dans les cas de l'incompétence directe absolue. (2)

185. Mais, pour en revenir à la grande différence qu'il nous importe ici de remarquer entre l'incompétence absolue et l'incompétence relative, la première donne lieu à l'exception de renvoi en tout état de cause, tandis que la seconde ne la rend admissible qu'avant toute autre exception ou défense (3) : or l'incompétence est purement relative, quand elle n'est établie que dans l'intérêt des parties, sans rapport direct ou indirect à l'intérêt public. On l'appelle alors incompétence personnelle. (4)

---

(1). V. le traité de la compétence, où nous présenterons les divers points de vue sous lesquels elle doit être considérée.

(2) V. cod. de proc. civ., art. 170 et 171.

(3) V. ibid., art. 168 et 169.

(4) V. le traité de la compétence.

§. II.

Du Renvoi pour suspicion légitime.

186. Quoique le tribunal, qui est saisi de l'action, soit parfaitement compétent sous tous les rapports possibles, on peut néanmoins encore décliner sa juridiction, si l'on a des motifs raisonnables de suspecter son impartialité. Mais ces motifs de suspicion ne doivent pas être abandonnés à l'arbitraire des plaideurs, que la passion emporte souvent loin des bornes de la raison. Ils ne sont donc considérés comme raisonnables, que lorsqu'ils sont fournis textuellement par la loi. Alors la suspicion est légitime; alors, et non autrement, elle donne lieu à la demande ou à l'exception de renvoi.

187. En matière civile, si deux des juges du tribunal d'arrondissement, ou trois des juges de la cour où la cause est pendante, sont parens ou alliés de l'une des parties au degré qui les rend légalement suspects, c'est-à-dire récusables; ou si cette partie étant elle-même membre du tribunal ou de la cour, a un autre juge de ce tribunal ou deux autres juges de cette cour pour parens ou alliés au même degré, l'autre partie peut raisonnablement craindre que ces juges, parens de son adversaire, n'influent à son préjudice sur la décision de la cause. Elle aurait bien le moyen de la récusation personnelle contre ces mêmes juges; mais en les

empêchant par là de donner leur avis dans
la cause, elle ne détruirait pas leur influence
sur les autres juges du tribunal. La loi l'autorise en conséquence à suspecter le tribunal lui-même, et à décliner sa juridiction. (1)

Il en serait ainsi devant le tribunal de
commerce, la raison de décider étant la
même.

§. III.

Différences entre l'un et l'autre renvoi.

188. Ce que nous venons de dire suffit pour
nous faire voir les différences qui existent
entre le renvoi pour suspicion légitime, et
le renvoi pour incompétence.

1° L'incompétence est un moyen de renvoi qui tient ou à l'intérêt public ou à l'intérêt privé; tandis que le motif de suspicion légitime n'est et ne peut être établi
qu'en faveur des parties du procès.

De là il suit que le renvoi pour suspicion
ne peut pas plus être requis par le ministère public, ni être ordonné d'office par le
tribunal, que ne peut l'être le renvoi pour
incompétence purement relative.

2° L'incompétence relative n'intéresse que
la partie assignée, son adversaire ayant eu
ses raisons pour la distraire de ses juges
naturels : aussi le déclinatoire pour cette

____

(1) V. cod. de proc. civ., art. 368.

cause ne peut-il appartenir qu'au défendeur lui seul. (1)

Au contraire, les deux parties ont respectivement intérêt à se prémunir contre l'influence défavorable qu'elles ont à craindre dans le cas de la suspicion légitime : en conséquence le déclinatoire pour cette cause est autorisé indistinctement en faveur de l'une ou de l'autre. (2)

3° Ajoutons un autre motif qui constitue la troisième différence entre ces deux moyens : c'est que l'incompétence relative est un fait qui est toujours infailliblement connu des parties, avant même qu'elles comparaissent devant le tribunal ; au lieu que le fait de parenté, qui sert de fondement à la suspicion légitime, peut être ignoré d'elles, et que tout au moins elles peuvent n'avoir conçu d'inquiétude à cet égard qu'après avoir comparu.

Ainsi, dans le premier cas, celui de l'incompétence, l'intérêt et le droit de décliner le tribunal existant au moment même de la comparution, celui qui ne s'en prévaut pas alors, est justement présumé y avoir renoncé : dans le deuxième cas, au contraire, celui de la suspicion, l'intérêt ne naissant proprement que lorsqu'on arrive à la discussion du fond, ce n'est qu'alors que le défaut d'emploi du moyen de suspicion doit entraîner la fin de non-recevoir.

____

(1) Cod. de proc. civ., art. 168.
(2) Ibid., art. 368.

Il suit de cette troisième différence que la plus légère exception, même dilatoire, proposée par le défendeur originaire, le rend non-recevable à décliner le tribunal pour raison d'incompétence; au lieu que le renvoi peut être demandé par l'une ou par l'autre des parties pour cause de suspicion, même après les exceptions dilatoires proposées, jusqu'à ce que l'affaire soit en état de recevoir jugement : c'est-à-dire tant que la plaidoirie n'est pas encore commencée, s'il s'agit d'une cause d'audience; ou tant que l'instruction n'est pas achevée, ou que les délais pour l'instruire ne sont pas expirés, s'il s'agit d'un procès par écrit. (1)

4° On peut noter pour quatrième différence, que le déclinatoire pour incompétence n'a rien de fâcheux ni d'injurieux pour le tribunal ; tandis que celui qui se fonde sur la suspicion légitime présente au moins ce doute nécessairement grave, que des juges pourront vouloir exercer sur leurs collègues une influence dangereuse, et que le tribunal pourra céder à cette influence.

En conséquence celui qui succombe dans sa demande en renvoi pour suspicion, doit être condamné à une amende et aux dépens de l'incident : il peut aussi, suivant les circonstances, être condamné à des dom-

______

(1) Cod. de proc. civ., art. 169 et 369. V. aussi le traité judiciaire élémentaire sur ce qu'on entend par cause d'audience, et instruction ou procès par écrit.

mages-intérêts envers sa partie adverse. Au contraire celui qui succombe dans son déclinatoire pour incompétence, ne doit que les dépens de l'incident, puisqu'il n'a pu compromettre, en le proposant, ni la dignité du tribunal, ni les intérêts du demandeur, et qu'il n'a fait qu'user, avant toute contestation, du premier moyen que la loi lui fournissait pour sa défense. (1)

SECTION II.

De l'Exception de récusation.

189. D'après ce qui a été dit dans la précédente section, la demande ou exception de renvoi n'a d'autre but que de refuser pour juge le tribunal saisi de la cause, de soustraire cette cause à sa juridiction. Ainsi on peut considérer cette demande ou exception comme une véritable récusation proposée contre le tribunal tout entier ; le mot récusation vient en effet du verbe latin *recusare*, qui signifie refuser.

Par une raison inverse, mais semblable, récuser l'un ou plusieurs des juges du tribunal devant lequel la contestation est portée, c'est refuser d'être jugé par eux, c'est chercher à se soustraire à leur autorité, c'est décliner cette autorité, et vouloir en

----

(1) Cod. de proc. civ., art. 374.

empêcher l'exercice, en ce qui nous concerne. (1)

Aussi doit-on ranger l'exception de récusation au nombre des exceptions déclinatoires.

190. Mais la seule de ces exceptions avec
laquelle elle ait un rapport direct d'analogie, est celle de renvoi pour suspicion légitime. Ce qui l'en distingue toutefois essentiellement, c'est qu'elle ne tend, comme il
vient d'être dit, qu'à décliner un ou plusieurs
des juges ; tandis que l'autre a pour objet
de décliner le tribunal entier. De là dérive
une différence remarquable : c'est que si,
comme cette dernière exception, elle ne
se fonde que sur la suspicion légitime, les
moyens qui y donnent lieu sont multipliés
et étendus ; tandis qu'il n'y a qu'un seul
d'entre eux, celui de la parenté, que la loi
déclare admissible pour l'exception de renvoi (2). Effectivement la prévention qui résulte de la parenté et de la confraternité,
est un de ces sentimens naturels qui peuvent entraîner, même à leur insçu et contre
leur gré, les hommes les plus intègres et

---

(1) La récusation s'applique non-seulement aux juges,
mais à la partie publique, lorsqu'elle n'est que partie
jointe, c'est-à-dire lorsqu'elle ne fait que conclure dans
les causes intéressant les personnes privilégiées ; mais
non point lorsqu'elle est partie principale, c'est-à-dire
lorsqu'elle exerce dans la cause l'action publique, ou
celle du gouvernement. V. sur cette distinction le traité
de l'organisation judiciaire.

(2) Cod. de proc. civ., art. 368 et 378.

les plus attachés à leur devoir. La loi peut en conséquence se prêter à cette présomption fondée sur la seule considération de la faiblesse humaine, pour autoriser, dans le cas qu'elle prévoit, la demande en renvoi par-devant un autre tribunal. Mais comme les autres motifs qui, outre celui de la parenté ou alliance, donnent ouverture à la récusation, tiennent plus ou moins à un caractère de perversité ou d'injustice, ou de partialité de la part des juges contre lesquels on les propose, il s'ensuit d'une part que la loi ne peut pas admettre qu'un tribunal tout entier puisse céder à l'influence de causes aussi odieuses et aussi répréhensibles; il s'ensuit d'autre part que, dans cette supposition même, la loi a dû rejeter le moyen de renvoi comme inutile, puisqu'un tribunal qui serait capable, par faiblesse ou autrement, de se rendre en quelque sorte complice de l'iniquité de quelques-uns de ses membres, ne manquerait surement pas de compléter cette œuvre de partialité, en refusant de déférer au déclinatoire qui lui aurait été proposé.

Ainsi donc l'exception de renvoi pour suspicion, ne peut être motivée, que par le seul moyen de la parenté ou alliance, comme le porte la rubrique du tit. 20 du liv. 2 de la première partie du code de procédure civile.

191. Mais, le cas arrivant où quelques-unes des causes de récusation, autres que la parenté ou alliance, se trouveraient pré-

sentées contre le nombre de juges déterminé par l'article 368 de ce code, ne pourrait-on pas au moins se pourvoir au tribunal supérieur en règlement de juges, c'est-
à-dire pour se faire renvoyer par lui devant un autre tribunal? (1)

On argumente pour l'affirmative des art.
65 de l'acte constitutionnel de l'an 8, et 60
de la loi du 27 ventôse de la même année,
combinés avec l'art. 363 du code de procédure civile. Les lois de l'an 8 attribuaient,
dit-on, à la cour de cassation les demandes
en règlement pour cause de suspicion légitime, sans distinction entre les matières
civiles et les matières criminelles. Le code
judiciaire de 1807 a introduit pour les règlemens de juges un mode plus simple, en
les attribuant au tribunal immédiatement
supérieur des tribunaux *en conflit* (2); mais
ce code n'ayant rien établi de particulier
pour le cas de la suspicion légitime, autre
que celui de la parenté ou alliance, il faut
en induire qu'il a voulu appliquer à ce cas,
par raison d'analogie, le mode général du
règlement, tel qu'il l'a déterminé par son
art. 363.

---

(1) On entend par *règlement de juges*, un jugement du tribunal supérieur qui décide lequel des tribunaux de son ressort doit connaître de la contestation. V. ci-après le traité de la compétence et le traité
judiciaire élémentaire ou revue analytique du cod. de
proc. civ.

(2) C'est-à-dire entre lesquels la question de compétence est disputée; du mot *conflictus*, lutte, combat.

Nul doute en effet que lorsqu'il y a lieu à règlement de juges, il ne faille observer l'art. 363 du code de procédure civile, même dans des cas différens de celui qui y est spécialement rapporté. Ainsi, lorsque quelques raisons de sureté ou de nécessité publique empêchent un tribunal, d'ailleurs compétent, de connaître de la cause, ou lorsque ce tribunal ne peut se constituer légalement, etc. etc.; toutes les fois en un mot qu'il devient nécessaire de donner des juges aux parties qui se trouvent n'en point avoir par quelqu'événement que ce puisse être : on conçoit que, dans ces diverses circonstances, le seul moyen est de recourir au règlement de juges, et conséquemment de suivre les règles tracées à cet égard par le code de procédure civile.

Mais la question n'est pas de savoir ce qu'il faut faire en cas de règlement pour suspicion légitime; la question est de savoir si le cas dans lequel nous raisonnons, constitue véritablement celui de la suspicion légitime contre le tribunal tout entier : or, d'après ce qui vient d'être remarqué au nombre précédent, ce point nous paraît au moins douteux. A la bonne heure que si un tribunal avait manifesté publiquement son animosité ou sa prévention, ou si des récusations partielles tendaient à réduire ce tribunal au-dessous du nombre de juges qui est requis pour sa constitution légale, etc., on ne dût voir en cela des motifs suffisans et légitimes de suspicion, quoique la

loi ne s'en soit pas expliquée textuellement;
car c'est la force même des choses qui l'exi-
gerait ainsi (1). Mais dans notre hypothèse,
quelle est donc la raison qui forcerait d'admettre une pareille conséquence? Le tribunal est compétent; pour le priver de sa juridiction, il faut ou un texte de loi, ou une
nécessité bien démontrée.

Or, d'une part, il n'existe aucune disposition de la loi qui étende la suspicion légitime contre le tribunal en matière civile
à un autre cas que celui de la parenté ou
alliance ; en second lieu, la décence et la
raison y répugnent également, comme nous
l'avons fait observer plus haut : enfin il n'y
a aucune nécessité de fournir un pareil
moyen aux parties, dont tous les intérêts
sont suffisamment mis à couvert par celui
de la récusation partielle, ainsi que par
les voies ordinaires ou extraordinaires de
réformation qui leur sont ouvertes contre
le jugement, suivant les règles du droit
commun. Il est vrai de dire que l'ordonnance de 1737 sur les évocations autorisait
encore le règlement de juges dans l'un des
cas que mentionne l'art. 378 du code de
procédure civile sur la récusation (2). Mais
observons d'abord que l'ordonnance exigeait

______

(1) Un arrêt de la Cour d'Angers, rapporté dans
le recueil Sirey, tom. 17, 2ᵉ partie, p. 129, en fournit
un exemple.

(2) V. l'art. 68 de cette ordonnance.

pour cela, comme condition nécessaire, la
réunion de trois circonstances dont chacune
particulièrement forme une cause de récusation ; observons en outre que du moins
la loi contenait à cet égard une autorisation expresse qui ne se retrouve pas dans
le code de procédure : observons enfin, et
cela nous paraît décisif, que les inductions
tirées des lois antérieures au code, ne sont
point admissibles ; l'art. 1041 de ce code
abrogeant textuellement toutes lois, cou-
tumes, usages et règlemens relatifs à la
procédure civile, et cela non-seulement en
ce que ces lois ou usages pourraient avoir
de contraire aux dispositions du code, mais
en général et sans exception ni restriction
aucune ; tellement qu'on doit les regarder
comme ne pouvant exister avec le code,
et conséquemment comme ne pouvant servir à en étendre, ou modifier, ou restreindre
les règles. Concluons de ce qui précède, que
lors même que le nombre de juges déterminé par l'art. 368 du code de procédure
civile se trouverait dans l'un ou plusieurs
des cas de suspicion détaillés par l'art. 378
du même code, le seul moyen à employer
serait celui de la récusation partielle, et
non pas celui de la récusation générale,
soit par voie de déclinatoire, soit même
par voie de règlement de juges.

192. Revenant donc à l'exception de récusation partielle, nous avons seulement à
examiner ici les principes théoriques d'après
lesquels elle est réglée ; mais sans nous oc-

cuper des procédures qui la concernent, et dont nous parlerons ailleurs. (1)

193. La demande ou exception de récusation est introduite en premier ordre dans l'intérêt personnel de la partie récusante. Elle tend aussi à compromettre directement l'intérêt de la partie non récusante, en la privant d'un ou plusieurs juges dans lesquels elle avait peut-être une confiance particulière. L'intérêt public s'y trouve encore engagé, mais indirectement ; puisque cette demande ou exception a pour fondement nécessaire un motif de suspicion plus ou moins injurieux pour la dignité de la magistrature. Enfin le juge récusé peut avoir aussi particulièrement intérêt à obtenir la réparation de l'injuste agression dont il aurait été l'objet.

De là résultent les principales règles en matière de récusation.

194. Il est d'abord certain que si la loi a dû accorder aux parties la faculté de la récusation dans l'intérêt de la justice ; elle a dû aussi limiter l'exercice de cette faculté, dans l'intérêt de la décence. C'est pour cela qu'elle désigne précisément les cas de suspicion, hors desquels la récusation est inadmissible.

Les causes de récusation sont puisées dans la faiblesse de la nature humaine, dont les

---

juges ne sont pas plus exempts que le reste des hommes. Elles se fondent sur le soupçon de partialité que font naturellement concevoir certaines relations d'intérêt entre le juge et l'une ou l'autre des parties.

1º Intérêt de parenté ou d'affinité : si le juge est parent ou allié des parties ou de l'une d'elles, jusqu'au degré de cousin issu de germain inclusivement.

Quand le juge ne serait parent ou allié au même degré, que de la femme de l'un des contendans, ou que cette parenté ou alliance n'existerait qu'entre sa femme et l'un d'eux, il y aurait lieu à la récusation ; et même après le décès de la femme, s'il y avait des enfans vivans provenans d'elle, la récusation serait également admissible. Elle le serait encore, à défaut d'enfans issus de cette femme, contre le juge qui était, à cause d'elle, ou beau-père, ou gendre, ou beau-frère de la partie, quoique la mort de la femme ait rompu toute affinité entr'eux.

2º Intérêt de calcul personnel : si le juge ou sa femme, ou leurs parens ou alliés en ligne directe ont un différent sur pareille question que celle dont il s'agit entre les parties ; ou s'ils ont un procès en leur nom dans un tribunal où l'une des parties serait juge : de même encore, si le juge est héritier présomptif ou donataire de l'une d'entr'elles, ou son créancier ou débiteur.

3º Intérêt de prédilection : si le juge est tuteur, subrogé tuteur, ou curateur, maître ou commensal de l'une des parties ; s'il est administrateur de quelque établissement, société, ou direction, partie dans la cause; si l'une des parties est sa présomptive héritière.

4° Intérêt d'animosité : si dans les cinq ans qui ont précédé la récusation, il y a eu procès criminel entre le juge, et la partie, ou son conjoint, ou ses parens ou alliés directs.

S'il y a procès civil intenté par le juge pour lui, ou pour sa femme, ou pour leurs parens ou alliés directs, à l'une des parties; ou s'il y a eu procès civil intenté par la partie au juge, ou à sa femme, ou à leurs parens ou alliés directs, avant l'instance dans laquelle la récusation est proposée; si même ce procès étant terminé, dans l'un comme dans l'autre cas, il ne l'a pas été plus de six mois avant la récusation.

5° Intérêt de haine ou de vengeance : s'il y a inimitié capitale entre le juge et l'une des parties; ou s'il y a eu de la part du juge, agression, injures ou menaces, faites verbalement ou par écrit, depuis l'instance, ou dans les six mois qui ont précédé la récusation.

6° Intérêt de prévention : si le juge a donné conseil, plaidé ou écrit sur le différent; s'il en a connu précédemment comme juge ou comme arbitre; s'il a déposé comme témoin des faits qui y donnent lieu; s'il a sollicité pour la partie, ou recommandé le procès, ou qu'il en ait fourni les frais en tout ou en partie.

. 7° Enfin intérêt de corruption : si depuis le commencement du procès , le juge a bu ou mangé avec l'une ou l'autre des parties , dans leur maison ; ou s'il a reçu d'elles ou de l'une d'elles des présens. (1)

195. De ce que la récusation est une faculté accordée aux parties dans leur intérêt, il s'ensuit 1° que la partie adverse du récusant peut contester la récusation (2) ; 2° que le juge, non récusé , qui connaît quelque cause de récusation en sa personne , ne peut s'abstenir que de l'avis du tribunal (3) ; 3° que fût-il même récusé , il faut un jugement qui lui ordonne de s'abstenir (4) ; 4° que la partie qui aurait une récusation à proposer, peut renoncer à l'exercice de ce droit expressément ou tacitement, et qu'elle est présumée l'avoir fait , si elle n'a pas récusé le juge avant de donner les conclusions sur le fond de la cause contradictoirement avec sa partie adverse.

Ainsi le déclinatoire de récusation, comme celui d'incompétence purement relative, doit être proposé préliminairement , sous peine de fin de non-recevoir. Ils sont aussi tous

---

(1) V. cod. de proc. civ., art. 378. *Nota :* L'acceptation de dons ou présens est un fait de corruption que la loi punit avec une juste sévérité. V. art. 177 et suiv. du code pénal.

(2) Arg. de l'art. 391 du cod. de proc. civ.

(3) Ibid., art. 380.

(4) Ibid, art. 388.

deux préjudiciels et suspensifs (1). Il y a
cependant cette différence entr'eux, que l'exception d'incompétence n'est plus recevable
après les autres exceptions, si ce n'est celle
de la caution *judicatum solvi* (2); au lieu que
la récusation l'est encore tant qu'on n'a
pas plaidé ou conclu au fond, soit par voie
de demandes, ou de défenses, ou d'exceptions péremptoires d'actions (3). La raison
en est, qu'on ne peut procéder d'aucune
manière quelconque devant un tribunal,
sans reconnaître par là même sa juridiction, et conséquemment sans renoncer implicitement à l'exception d'incompétence.
Mais au contraire on ne peut être censé
avoir renoncé à la récusation, que lorsqu'on a eu l'intérêt actuel de recourir à ce
moyen, et qu'on n'a pas jugé à propos de
l'employer : or tant qu'il ne s'agit pas du fond
de la cause, ou d'opérations qui préjugent
ce fond, la partie n'a encore aucun intérêt
réel d'écarter le juge qu'elle suspecte. Nous
avons déjà fait cette réflexion dans un cas
analogue. (4)

196. Nous avons dit encore que la récusation intéressait indirectement l'ordre public :
aussi, d'une part, l'incident de récusation
ne peut être jugé que sur les conclusions

---

(1) V. sup. n. 178, et cod. de proc. civ., art. 387.
(2) V. sup. n. 171 et 172.
(3) V. c. de proc. civ., art. 382.
(4) V. sup. n. 188.

du ministère public ; et, d'autre part, celui qui succombe dans sa récusation, encourt une amende arbitraire de 100 francs au moins. (1)

197. Comme enfin le juge se trouve, par la récusation, l'objet d'une agression plus ou moins injurieuse, il en résulte nécessairement pour lui une action en réparation et dommages-intérêts contre la partie qui se l'est permise témérairement. Mais s'il veut exercer cette action, il ne peut plus, comme de raison, demeurer juge dans la cause. (2)

CHAPITRE V.

Des Exceptions péremptoires de l'instance.

198. Nous avons déjà dit que par exceptions péremptoires d'instance, ou exceptions de forme, on entend celles qui tendent à détruire non l'action, mais la procédure, l'instance, l'instruction faite par notre adversaire dans la cause.

Pour détruire ou périmer ainsi sa procédure, il faut que nous ayons à lui opposer quelqu'irrégularité qui puisse la rendre nulle ; et alors nous l'empêchons, par ce moyen, de procéder ultérieurement à une

---

(1) Art. 385 et 390 du cod. de proc. civ.
(2) Ibid., art. 390.

instruction que nous attaquons comme vi-cieuse : c'est pour cela que les exceptions péremptoires d'instance sont rangées dans la classe des fins de non-procéder. (1)

De ce que ces exceptions ont pour but d'arrêter la marche de l'action, il s'ensuit qu'elles sont préjudicielles et même géné-ralement suspensives (2) ; cependant il se peut qu'elles se trouvent jointes au fond et jugées conjointement avec lui, savoir lorsque le tribunal croit devoir les rejeter, et en conséquence prononcer simultanément sur le principal. (3)

199. Les exceptions péremptoires d'ins-tance prennent donc leur source dans les vices de la procédure.

Mais ces vices sont inhérens à la procé-dure elle-même ; ou ils dérivent d'un dé-faut de qualité, ou d'intérêt, ou de capa-cité dans l'une ou l'autre des parties.

Au premier cas, ils sont réels ; au second, ils sont personnels : et ce qui les distingue essentiellement, c'est que ceux-ci rentrent dans la classe des fins de non-recevoir, tandis que les autres n'appartiennent qu'à celle des fins de non-procéder. (4)

200. On ne doit au reste appeler pro-

----

(1) V. sup. n. 164.
(2) V. sup. n. 33.
(3) Ibid.
(4) V. sup. n. 135 et suiv., et n. 167.

prement vices de la procédure, comme nous
l'avons dit, que ceux qui sont de nature à
la faire tomber comme nulle : tous autres
ne pouvant en effet avoir la force d'arrêter la marche de l'action, et donnant
lieu tout au plus à une action contre les
officiers ministériels, c'est-à-dire les gref-
fiers, avoués, ou huissiers qui les auraient
commises (1). Ainsi les exceptions péremptoires d'instance sont inadmissibles, si elles
n'ont pour fondement des nullités de procédure.

Ces nullités se divisent en *légales* et *substantielles*, en *absolues* et *relatives*.

201. Les nullités *légales* sont celles que
la loi prononce textuellement. (2)

Les nullités *substantielles* sont celles qui
vicient l'acte dans son existence, dans sa
substance même, tellement qu'à défaut de
la formalité omise, on ne peut pas dire
qu'il y ait un acte : comme si, par exemple,
cet acte a été fait par un officier sans caractère ; ou si on a fait procéder clandestinement et sans publications préalables à
une vente d'objets saisis, etc. Ces sortes de
vices qui tiennent à la nécessité des choses,
entraînent la nullité de l'acte, sans qu'il
y ait même de loi qui la prononce, sui-

____

(1) V. cod. de proc. civ., art. 132, 1030 et 1031.
(2) V. pour exemple les art. 61, 64, 70, etc.;
etc. du cod. de proc. civ.

vant l'axiome vulgaire : *Nécessité n'a point de loi.* Aussi la jurisprudence est-elle uniforme et invariable sur ce point, malgré la disposition de l'art. 1030 du code de procédure civile qui semble en apparence s'y opposer, mais qui n'y est réellement pas contraire. (1)

On appelle nullités *absolues*, celles qui tiennent à l'intérêt public, et auxquelles les parties ne peuvent en conséquence renoncer ni expressément ni tacitement : on appelle au contraire nullités *relatives*, celles qui ne compromettant que l'intérêt personnel des parties, peuvent être couvertes par leur approbation, soit expresse, soit tacite. Ce qui les caractérise principalement, c'est que les premières doivent être prononcées par les tribunaux, même d'office, à défaut par les parties du procès ou par la partie publique de s'en prévaloir ; tandis que les autres ne peuvent être prononcées que sur la demande seule de la partie qui a l'intérêt et le droit de les proposer.

Ainsi les nullités soit légales, soit substantielles, absolues, sont proposables en tout état de cause ; au lieu que les nullités

____

(1) V. deux arrêts de la cour de cassation rapportés au nouv. répert., *verbo* hypothèque, sect. 2, §. 2, art. 10, n. 3 et 4 ; et trois autres dans le recueil du sieur Sirey, tom. 8, p. 211 ; tom. 10, p. 379 ; et tom. 12, p. 29, etc., etc.

soit légales, soit substantielles, relatives, ne sont recevables que dans leur ordre, c'est-à-dire avant toute défense, ou exception autre que celle d'incompétence. (1)

202. Toutes les nullités légales sont néanmoins de rigueur en ce sens, que les tribunaux ne peuvent se dispenser de les appliquer, lorsqu'elles leur sont proposées en leur temps, si elles sont relatives; ou lorsqu'elles existent dans la procédure, soit qu'elles leur aient été proposées, soit qu'elles ne l'aient pas été, si elles sont absolues. (2)

203. Enfin, une règle commune à toutes les espèces de nullités, c'est que les officiers ministériels qui les ont commises, en sont responsables sous peine de tous dépens et dommages-intérêts envers leurs commettans, et même d'interdiction ou de destitution, suivant la gravité des circonstances. (3)

204. Nous ne reviendrons point sur les nullités de procédure qui dérivent de l'un de ces vices que nous avons appelés personnels, c'est-à-dire du défaut de qualité, d'intérêt, ou de capacité dans la personne de l'une ou de l'autre des parties; il nous suffit de renvoyer à cet égard au titre qui précède. Nous observerons seulement qu'on doit ranger au

---

(1) Cod. de proc. civ., art. 173. V. sup. n. 168, 169 et 170.

(2) Cod. de proc. civ., art. 1029.

(3) V. ibid., art. 71, 132 et 1031.

nombre de ces vices personnels l'omission de la tentative de conciliation de la part du demandeur, même le défaut de comparution au bureau de paix, de la part de l'une ou de l'autre des parties.

La loi déclare en effet qu'aucune demande ou action principale introductive, susceptible de transaction, *ne sera reçue* dans les tribunaux civils ordinaires, si le défendeur n'a été préalablement cité en conciliation devant le juge de paix, ou si les parties n'y ont volontairement comparu (1). Il suit de là qu'à défaut de cette citation, ou de cette comparution volontaire, ou en cas de citation nulle ou irrégulière donnée au défendeur, le demandeur n'a pas qualité pour agir contre lui par-devant le tribunal de première instance : aussi la loi dit-elle qu'il y est non-recevable.

Mais la fin de non-procéder qui en résulte est-elle absolue ou relative? Il faut la regarder comme aussi absolue que celle qui provient du défaut de qualité, de capacité ou d'intérêt, l'obligation du préliminaire de la conciliation ayant été prescrite par la loi dans la vue de maintenir la paix publique en prévenant les dissentions entre les citoyens. Ainsi elle est proposable en tout état de cause, elle l'est par le ministère public comme par le défendeur, elle doit même être

____

(1) Ibid., art. 48.

appliquée d'office par le tribunal, comme tenant à l'intérêt public.

Peut-être objectera-t-on que la tentative 'de conciliation est si peu d'intérêt public, que, suivant l'art. 56 du code de procéduro civile, les parties peuvent indistinctement s'en dispenser, moyennant 10 fr. d'amende, et obtenir audience devant le tribunal civil, malgré leur défaut de comparution au bureau de paix, en justifiant de la quittance de cette légère somme.

La réponse est d'abord dans la loi même, qui punit d'une *amende* ce défaut de comparution : or l'amende est une peine publique.

Elle est encore dans la loi qui distingue entre le défaut de citation et le défaut de comparution. A défaut de citation, le demandeur est déclaré non-recevable dans son action, c'est-à-dire sans qualité pour agir en justice civile ordinaire (1); au lieu qu'à défaut de comparution, les parties sont indistinctement recevables devant le tribunal civil, après avoir payé l'amende (2). En effet le demandeur qui n'a pas appelé son adversaire en conciliation, a désobéi formellement à l'ordre impératif d'une loi d'ordre public; sa peine est une fin de non-recevoir absolue, et conséquemment la nullité radicale de l'action civile par lui inten-

---

(1) Cod. de proc. civ., art. 48.
(2) Ibid., art. 56.

tée sans ce préliminaire indispensable. Au contraire la partie qui n'a point comparu sur la citation en conciliation, n'est présumée coupable que d'une simple négligence, car la fraude et la désobéissance ne se présument point; sa peine n'en est pas moins publique, pour avoir négligé un devoir d'ordre public, mais elle est plus légère et proportionnée à l'infraction. Or, si même en ce cas moins grave, la loi a une sanction pénale; à plus forte raison dans l'autre cas la privation de l'action doit-elle être regardée comme la peine d'une infraction proprement dite? d'où il faut conclure que l'obligation qui a été violée tenait éminemment à l'intérêt public.

Tenons donc pour certain que la nullité résultante du défaut de citation en conciliation est absolue contre le demandeur. Cela doit être ainsi, avec d'autant plus de raison, que le même raisonnement nous conduit à décider que la fin de non-procéder est également absolue contre l'un ou l'autre des contendans qui n'a pas comparu sur la citation en conciliation, tant qu'il n'a pas justifié du payement de l'amende, suivant l'article 56 du code de procédure. Effectivement toute audience doit jusque-là lui être refusée, aux termes de cet article, ce qui équivaut à dire qu'il est jusque-là non-recevable à y présenter ou sa demande, ou sa défense, ou ses exceptions. Si l'on suppose donc que par mégarde il se soit fait admettre à l'audience avant d'avoir payé l'amende, et que son adversaire lui oppose ensuite cette exception; l'audience doit à l'instant même lui être déniée par le tribunal, sur les conclusions de la partie publique, puisque cette dénégation d'audience est une peine établie contre lui dans l'intérêt public. Mais il peut aussi par réciprocité faire tomber à l'instant même l'effet de l'exception, en payant l'amende et justifiant de la quittance du receveur.

205. Quant aux vices réels ou nullités réelles de procédure qui donnent lieu à l'exception péremptoire d'instance, soit absolue, soit relative, nous nous dispenserons d'en faire l'énumération, notre objet n'étant ici que d'exposer les règles fondamentales qui y sont relatives, pour qu'on en fasse sans peine l'application, suivant les circonstances.

Bornons-nous à dire un mot de la péremption d'instance, qui est moins un vice, qu'un désistement de la procédure intentée.

Par le mot *instance,* on entend la procédure qui *s'instruit,* ou *l'instruction* qui se fait pour parvenir au jugement. (1)

L'instance comprend en conséquence tous les divers actes de la procédure respective des parties.

C'est le demandeur qui a intérêt d'obte-

____

(1) *Instance,* mot composé de *stare,* et de la préposition *in, stare in judicio,* agir en justice. *Instruction,* du verbe *instruere,* bâtir, édifier, construire, V. le traité élémentaire de procédure civile.

nir jugement ; c'est donc lui qui a intérêt de soutenir et de poursuivre l'instance :
si de son côté le défendeur y est intéressé,
ce n'est que d'une manière indirecte et secondaire. L'abandon de l'instance, c'est-à-
dire de l'exercice de l'action de la part du
demandeur, ne peut donc qu'être favorable
au défendeur, quand il ne fait que se défendre.

Mais le demandeur peut abandonner son
instance, ou expressément, ou tacitement. Il
l'abandonne tacitement, s'il cesse de la
poursuivre pendant le temps que la loi
a fixé pour la prescription des instances.
Cette prescription faisant tomber l'instance,
prend pour cette raison le nom de péremption d'instance, du verbe *perimere*, détruire, éteindre. (1)

Cela posé, la péremption, ou annullation,
ou extinction de l'instance, peut-elle donner ouverture à l'exception péremptoire
d'instance, ou fin de non-procéder sur l'instance périmée ?

Nul doute assurément que le défendeur
originaire ne puisse empêcher son adversaire de procéder sur l'instance périmée ;
mais cette péremption étant introduite directement et principalement dans l'intérêt
du défendeur, il s'ensuit qu'elle n'est acquise pour lui que lorsqu'il en a formé la
demande expresse au tribunal. Aussi la loi

―――――――――

(1) V. ibid.

dit-elle que jusque-là tout acte valable de la part de l'une ou de l'autre des parties, suffit pour couvrir la péremption (1). De là il résulte très évidemment que la fin de non-procéder qui naît de la péremption d'instance, ne peut être proposée que par forme de demande principale, et non par forme d'exception.

Il n'y aurait qu'un seul cas où elle serait admissible par exception ; ce serait celui où l'acte de procédure, par exemple la sommation de venir à l'audience, qu'aurait fait signifier le demandeur pour couvrir la péremption, se trouverait, par hasard, non-valable ; car alors, en comparaissant sur cet acte, et le faisant déclarer nul, on opposerait à l'instant même l'exception de péremption. Mais cette hypothèse sort tellement des vraisemblances, qu'elle mérite à peine qu'on s'y arrête.

CHAPITRE VI.

Des Exceptions dilatoires.

206. Toutes les exceptions qui, sans s'attaquer à l'action elle-même, tendent seulement à en différer l'exercice, ou à retarder le jugement, peuvent en conséquence être regardées généralement comme *dilatoires*

---

(1) V. cod. de proc. civ., art. 399 et 400.

(du verbe *differre, distuli, dilatum*) (1).
Ainsi les exceptions tirées ou de l'incompétence du tribunal, ou du terme non échu
de l'obligation, ou de l'irrégularité de la
procédure, ou du défaut d'intérêt actuel
de la part du demandeur, etc., etc., ayant
sinon pour but, du moins pour effet d'éloi-
gner l'exercice de l'action, paraîtraient devoir appartenir à cette classe, dans laquelle
les rangent effectivement les lois romaines
et les commentateurs.

Mais pour plus grande précision, nous
pensons qu'il convient de qualifier les exceptions par leur objet principal et direct.
Or l'objet direct de celles que nous venons
de rappeler, est ou de décliner le tribunal
incompétent, ou de faire déclarer l'adversaire non - recevable quant à présent dans
sa demande, ou de faire tomber sa procédure, etc. ; et le retard de son action n'est
que la conséquence, ou tout au plus l'objet
secondaire de l'exception.

Nous n'appelons donc *exceptions dilatoires*, que celles qui ont principalement
pour but de faire différer l'instruction du
procès : telle est celle de la caution *judicatum solvi*, celle du délai pour faire inventaire et pour délibérer, celle de l'appel en
cause d'un garant, l'exception ou bénéfice
de discussion, l'exception ou demande de
communication de pièces, l'exception ou

---

(2) V. sup. n. 163.

demande du délai légal pour comparaître, ou d'un délai de grâce pour préparer sa défense.

En les passant successivement en revue, nous nous assurerons qu'elles n'ont pas en effet d'autre objet direct que de retarder la contestation.

207. D'abord, quant à l'exception de la caution *judicatum solvi*, sans revenir sur ce que nous en avons dit au titre 3 ci-dessus, il nous suffit de faire observer que par sa nature elle est purement *dilatoire*, n'ayant d'autre but que de *suspendre l'action* de l'étranger, jusqu'à ce qu'il ait fourni caution.

Il y a une autre sorte de caution *judicatum solvi* qui est exigée du débiteur, même français, dans le cas où une saisie immobilière étant poursuivie contre lui, il veut se pourvoir en nullité des procédures faites postérieurement à l'adjudication préparatoire. (1)

Mais l'exception qui résulte du défaut de caution en ce cas, n'est pas seulement dilatoire; c'est une véritable fin de non-recevoir contre la demande en nullité. (2)

Venons maintenant à l'examen des autres exceptions dilatoires.

____

(1) V. cod. de proc. civ., art. 735, et art. 2 n° 1 du décret du 2 février 1811, n. 6514 de la 4ᵉ série du bulletin des lois.

(2) Décret du 2 février 1811, art. 2.

SECTION PREMIÈRE.

Du Délai pour faire inventaire et pour délibérer.

208. L'héritier, la femme veuve ou séparée qui a été en communauté avec son mari, sont tenus, l'un de toutes les charges de la succession, l'autre de toutes les charges de la communauté, à moins qu'ils ne renoncent à tous les avantages qui en résultent.

Ils ne sont tenus, pas plus l'un que l'autre, de cette acceptation ou de cette renonciation; la loi leur en laisse le choix, et leur accorde à cet effet un double délai, savoir, d'abord celui de trois mois pour faire procéder à un inventaire régulier (qui leur fera connaître les forces de ces succession ou communauté), et ensuite celui de quarante jours pour délibérer sur le parti qu'il leur conviendra de prendre, ou d'accepter, ou de renoncer.

L'héritier peut accepter ou purement et simplement, (cas auquel il est chargé de toutes les dettes); ou à bénéfice d'inventaire, (ce qui ne l'engage envers les créanciers de la succession que jusqu'à concurrence de l'émolument, c'est-à-dire de l'utilité qu'il en retire.) La femme n'est également tenue des dettes que jusqu'à concurrence de son émolument, si elle a fait inventaire régulier et fidèle dans les délais ci-dessus.

Ces délais sont au surplus susceptibles de

prorogation; et même après leur expiration,
l'héritier ou la femme conservent encore le
droit de faire inventaire et de délibérer, s'ils
n'ont point fait, l'un quelqu'acte d'héritier,
l'autre quelqu'acte de commune, c'est-à-
dire quelqu'acte qui emporte de leur part
acceptation soit expresse soit tacite de la
succession ou de la communauté, ou s'il
n'y a pas eu jugement passé en force de
chose jugée qui les ait condamnés en cette
qualité ou d'héritier ou de commune. (1)

209. Mais il y a une différence à remarquer entre la veuve et la femme séparée :
c'est que la première est présumée avoir ac-
cepté la communauté, si elle n'y renonce dans
les délais ci-dessus; et qu'au contraire la
seconde est censée y avoir renoncé, si elle
ne l'a point acceptée dans les mêmes dé-
lais(2). La raison de cette différence se trouve
dans leur position respective : la veuve,
après la mort de son mari, a entre les
mains tout le mobilier de la communauté,
et ne peut le conserver sans s'engager
par ce seul fait au payement des dettes dont
ce mobilier est le gage, à moins qu'elle ne
déclare expressément le contraire; tandis

----

(1) V. cod. civ., art. 793 et suiv., 1453 et suiv.,
1483, etc.; cod. de proc. civ., art. 174.
Nota : Le jugement passé en force de chose jugée
est celui qui n'est plus susceptible de l'opposition ni
de l'appel. V. ci-après le traité des jugemens.
(2) Cod. civ., art. 1456, 1463.

que la femme séparée n'a rien à sa disposition, son mari vivant encore; d'où il suit
que la communauté lui demeure étrangère,
à moins qu'elle ne déclare expressément en
vouloir prendre sa part.

210. Quoi qu'il en soit, tant que l'héritier ou la femme ne sont pas déchus du bénéfice d'inventaire, on ne peut les forcer à
prendre qualité, ni les poursuivre en cette
qualité ou d'héritier ou de commune; mais
rien ne s'oppose à ce qu'on les assigne comme
tels, sauf à eux à proposer leur exception,
c'est-à-dire à demander qu'il soit sursis à
l'instruction du procès, pendant la durée
du délai que la loi leur accorde pour faire
inventaire et pour délibérer. (1)

Si pourtant la demande formée contre l'un
ou l'autre était urgente, si elle avait par
exemple pour objet quelque provision ou
quelque mesure conservatoire dans l'intérêt
du demandeur, le tribunal pourrait et devrait, nonobstant l'exception, condamner
l'héritier ou la femme à y défendre provisoirement et sans prendre qualité : c'est
ainsi que leur droit d'option se trouverait
concilié avec les droits des tiers. (2)

---

(1) Cod. de proc. civ., art. 174.
(2) Arg. de l'art. 1180 du cod. civ.

SECTION II.

De l'Appel en cause du garant.

211. On appelle *garant*, celui qui doit la *garantie*; on appelle *garanti*, celui à qui elle est due.

La *garantie* est l'obligation où nous sommes soit par la convention, soit par la loi, ou de faire jouir complétement une personne de droits que nous lui avons cédés, ou de la libérer en tout ou en partie de l'engagement qu'elle a contracté pour nous ou avec nous; enfin et en un mot de l'indemniser entièrement du préjudice souffert, dans l'un comme dans l'autre de ces cas.

Quand la garantie a lieu par la force de la loi et sans stipulation, elle est *légale*, ou *de droit;* quand elle a été stipulée expressément, elle est *conventionnelle*.

Si elle a pour objet de faire jouir de droits cédés, on l'appelle *garantie formelle;* vu que le garant est tenu formellement, positivement, de défendre son cessionnaire contre tout agresseur qui voudrait le priver même partiellement des droits cédés : c'est ce qu'on appelle autrement l'obligation de *fournir* et *faire valoir :* de *fournir*, c'est-à-dire de livrer; de *faire valoir*, c'est-à-dire de défendre soi-même les droits cédés envers et contre tous.

Si elle a pour objet de libérer celui qui s'est engagé pour nous ou avec nous, on l'appelle *garantie simple ;* parce qu'elle consiste simplement à indemniser cette personne de l'engagement qu'elle a souscrit.

212. Dans la garantie formelle, le garant a toujours le droit, et il est même tenu de prendre en main le fait et la cause du garanti, pour défendre en son lieu et place à la demande originaire intentée contre ce dernier.

Il en est autrement dans la garantie simple, où le défendeur originaire n'est qu'un débiteur personnellement engagé envers le demandeur, sauf son recours contre le garant. Ainsi dans cette espèce de garantie, le demandeur n'a et ne peut avoir d'autre partie directe au procès que le défendeur par lui assigné ; or le jugement ne peut être rendu qu'entre parties. Le garant n'a en conséquence que le droit d'intervenir, sans pouvoir prendre en main pour le garanti ; et celui-ci de son côté ne peut que l'appeler dans la cause, pour défendre conjointement avec lui à la demande originaire. (1)

Au contraire, dans le cas de la garantie formelle, qui n'a lieu que pour les matières réelles ou hypothécaires, c'est l'objet lui-même qui est attaqué directement par la demande originaire, et non pas la per-

____

(1) V. cod. de proc. civ., art. 183.

sonne du détenteur. Ce détenteur n'est dans
la cause que le défenseur, et comme le représentant en quelque sorte de la chose attaquée, en sorte que le garant, prenant son
fait et cause, ne fait que le remplacer dans
cette défense, dans cette représentation ;
mais les parties du procès restent toujours
les mêmes, car la chose est, à proprement
parler, le seul défendeur direct dans la cause.

Rien ne s'oppose donc à ce que le garant
formel prenne la place du garanti au procès, et à ce que celui-ci demande lui-même
à sortir des qualités de la cause ; ce qu'il ne
peut faire toutefois qu'autant qu'il ne serait encore intervenu aucun jugement entre
lui et le demandeur, car alors il se trouverait lié personnellement envers ce demandeur par l'effet du jugement. (1)

Mais si la loi autorise le garanti à sortir
de la cause, quand son garant formel a pris
en main pour lui, elle n'entend point lui
en faire une obligation. Il peut avoir un
très grand intérêt à y rester, ne fût-ce que
pour veiller par lui-même à la conservation
de ses droits que pourrait compromettre
le garant par une mauvaise défense, ou
par une collusion avec le demandeur.

D'un autre côté, cette faculté que la loi
lui accorde doit être également subordonnée aux droits et aux intérêts du deman-

---

(1) Ibid., art. 182.

deur. Celui-ci peut donc s'opposer à sa mise
hors d'instance, ne fût-ce que pour lui faire
supporter les dépens du procès, en cas d'insolvabilité du garant. (1)

Le garanti ne peut ainsi être mis hors
de cause, qu'autant qu'il le requiert avant
le premier jugement, et que le demandeur
originaire ne s'y oppose point : en ce cas,
le garant, qui est devenu partie principale
au procès, demeure seul chargé des condamnations de dépens et de dommages-
intérêts envers le demandeur, ce qui n'empêche pas que, sur le fond du droit, le
jugement qu'obtiendrait ce demandeur ne
s'exécute directement contre le garanti,
comme étant détenteur de la chose qui a
été l'objet de l'action. (2)

213. La garantie formelle ou simple ayant
pour objet de nous faire indemniser par lo
garant de tous les effets de l'action originaire dirigée contre nous, il s'ensuit que
l'exception de mise en cause du garant a
un rapport nécessaire d'accession et de connexité avec cette action, du moins en ce
qui concerne soit le défendeur originaire,
soit le garant.

De là il résulte, 1º que le défendeur assigné peut appeler dans la cause son garant,
et le forcer à y prendre qualité ; 2º que co

---

(1) Ibid., et art. 185,
(2) Ibid.

garant lui-même peut y intervenir de son propre mouvement, et que si la garantie a été exercée contre lui par action principale, il peut se faire renvoyer par-devant le tribunal saisi de l'action dirigée contre le garanti, à l'effet de faire joindre les deux instances, pour qu'il soit statué sur le tout par un seul et même jugement.

Mais on conçoit que cette complication de qualités ne peut que nuire en général aux droits et à l'intérêt du demandeur originaire, qui n'a rien à demêler avec le garant. S'il doit se prêter à la mise en cause de ce garant, parce qu'il importe à l'ordre public de diminuer le nombre des procès; ce sacrifice ne doit pas aller de sa part, jusqu'à compromettre les effets de l'action qu'il a eu le droit de former.

214. Tels sont les divers intérêts que la loi avait à concilier, ce qu'elle a fait par les règles suivantes :

1° Le défendeur originaire est tenu d'appeler son garant en cause dans le délai ordinaire de l'ajournement; et si ce garant a lui-même un sous-garant à mettre en cause, celui-ci un autre, l'autre un troisième, etc. le délai sera le même pour chacun, à partir de la demande en garantie formée contre eux respectivement. Ainsi le demandeur qui a ouvert l'instance est obligé d'attendre l'effet de toutes ces mises en cause ; il est de même obligé de surseoir à son action, lorsque l'exception de mise en cause du garant lui est opposée, dans son ordre, par le défendeur originaire, c'est-à-dire après les exceptions déclinatoire et péremptoire d'instance : l'intérêt public le veut ainsi dans tous ces cas (1). Mais il peut, comme de raison, s'y opposer, s'il n'y a pas lieu à la garantie ; il peut également poursuivre le jugement de son action, si le défendeur ne s'est pas renfermé dans les délais de la loi pour la mise en cause du garant, ou si son exception de mise en cause n'a été qu'un prétexte pour retarder l'instance, cas auquel il pourrait y avoir lieu à dommages-intérêts contre lui envers le demandeur. (2)

2° Le garant est recevable, en tout état de cause, à intervenir dans l'instance originaire, mais sans pouvoir retarder la décision de la cause, si elle est disposée à recevoir jugement. (3)

Par réciprocité, s'il est assigné en garantie, il est tenu de procéder devant le tribunal saisi de la demande originaire, quand

---

(1) C'est improprement qu'on appelle exception de garantie, la mise en cause du garant dans le délai légal de la part du défendeur originaire. Cette exception a plus véritablement lieu dans le cas d'une demande non introductive d'instance. Alors le défendeur à cette demande la propose pour arrêter le jugement de l'action originaire, jusqu'à ce qu'il ait appelé son garant en cause dans le même délai légal ; et ce délai ne part que du jour de la demande qui donne occasion à l'exception de garantie.

(2) V. cod. de proc. civ., art. 175 à 180.

(3) Ibid., art. 339 et 340.

même il dénierait être garant; mais si pourtant il parvenait à établir que la demande originaire n'a été imaginée que pour le distraire de ses juges naturels, comme si, par exemple, son créancier avait frauduleusement cédé sa créance à un tiers pour se faire assigner par ce cessionnaire devant le tribunal de son domicile, et appeler le garant devant le même tribunal par prétendue connexité, celui-ci pourrait demander son renvoi par-devant ses propres juges. (1)

. 3° Lorsque la demande principale et la demande en garantie sont en état d'être jugées en même temps, il doit y être fait droit par un seul et même jugement, à raison de leur connexité ; c'est pour cela que, comme nous l'avons dit, elles ont dû être jointes ensemble par le tribunal saisi de la demande principale, si ayant été intentées séparément, leur jonction a été demandée par les parties intéressées.

Mais, à supposer que le défendeur ait négligé ou qu'il ait été dans l'impossibilité de mettre son action de garantie en état d'être jugée en même temps que l'action principale, le demandeur ne doit pas souffrir de ce fait qui lui est étranger : il peut en conséquence faire ordonner la disjonction des deux instances, si elles avaient été jointes, et faire juger sa demande séparément ; sauf au défendeur à poursuivre ensuite par-de-

---

(1) Cod. de proc. civ., art. 181.

vant le même tribunal le jugement de sa
garantie. (1)

215. Il y a bien encore d'autres rapports
et conséquemment d'autres droits et obligations qui doivent naître pour les parties
de l'appel du garant dans la cause principale. Ces rapports multipliés peuvent donner lieu à des difficultés que la loi n'a point
prévues, et qu'elle abandonne ainsi à la
prudence des tribunaux.

Par exemple, il peut arriver que le défendeur ait été assigné devant un tribunal
incompétent, et qu'il n'ait pas demandé son
renvoi. Le garant appelé en cause ou in-
tervenant sera-t-il recevable à proposer
lui-même le déclinatoire?

L'affirmative est sans aucun doute, s'il
s'agit d'une incompétence absolue, c'est-à-
dire proposable en tout état de cause, car
le garant qui est devenu partie dans l'instance a les mêmes droits sous ce rapport
que les autres parties du procès.

Mais si l'incompétence n'est que relative,
et que le défendeur ne soit plus à temps
pour en exciper, comment, dit-on, le garant pourrait-il la proposer lui-même,
puisque le tribunal ne peut plus renvoyer
la cause sans relever le défendeur de la déchéance du déclinatoire qu'il a encourue
par son silence? En effet, continue-t-on,

____

(1) Ibid., art. 184.

si le tribunal renvoie le garant, il faudra qu'il renvoie aussi le garanti, suivant le principe de l'indivisibilité de la cause ; et alors le défendeur, quoique non-recevable à décliner la juridiction, profitera du déclinatoire du garant, ce qui n'est évidemment pas admissible : d'où l'on conclut que, dans cette hypothèse, le garant ne peut demander le renvoi.

Cet argument serait effectivement sans réplique, si le principe de la continence ou indivisibilité de la cause recevait ici son application. Il est vrai que toutes les parties, toutes les qualités d'une cause forment un tout indivisible, en ce sens qu'on ne peut ni les instruire ni les juger séparément ; mais il y a exception à cette règle toutes les fois que ces diverses parties du même tout ne sont pas, ou cessent d'être connexes entr'elles. Or nous venons de dire que l'action en garantie pouvait être ou accessoire ou principale, suivant les circonstances, et même redevenir principale après avoir été accessoire.

Qu'arrive-t-il donc lorsque le garant propose le déclinatoire que n'a pas proposé le défendeur originaire? Il arrive que toute connexité cesse entre la demande principale et la demande en garantie. Car le tribunal ne peut, ni renvoyer la première sans priver le demandeur de la juridiction reconnue par le défendeur, ni retenir la seconde sans blesser le droit qu'a le garant de décliner cette même juridiction qu'il n'a point re-

connue. Ainsi le garant doit être renvoyé
en ce cas par-devant ses juges naturels,
l'action en garantie n'étant plus et ne pouvant être qu'une action principale contre lui.

216. Ce caractère ambigu de l'action en
garantie, qui fait qu'elle est ou n'est pas
action connexe, suivant les circonstances,
peut encore servir à résoudre une autre
question, celle de savoir si le garant qui
n'a pas été appelé dans la cause principale,
peut l'être en cause d'appel. On n'aurait le
droit de l'y appeler, qu'autant qu'il aurait
lui-même celui d'y intervenir : or nul ne
peut intervenir en cause d'appel que celui
qui aurait droit de former tierce opposition (1); et nul ne peut former tierce opposition, que celui qui aurait dû être appelé dans le jugement qui lui préjudicie.
Ainsi, comme le défendeur en cause principale n'était pas plus forcé d'appeler son
garant au procès, que celui-ci n'était forcé
d'y intervenir, il suit de là que le garant
ne serait pas recevable à former tierce opposition au jugement de première instance,
ni à l'arrêt de la cour confirmatif ou infir-
matif de ce jugement; et conséquemment
qu'il ne pourrait ni être appelé, ni intervenir en cause d'appel, n'ayant point été
partie en cause principale. (2)

-----

(1) Cod. de proc. civ., art. 466.
(2) Ibid., art. 464 et 474.

'A ce propos, nous rappellerons une espèce assez singulière jugée par la cour de Bruxelles le 31 mai 1809. Un jugement de première instance avait rejeté la mise en cause du garant, et prononcé sur le fond. Appel. On demande la réformation, et la mise en cause du garant à la cour. Arrêt qui *met l'appellation et ce dont est appel au néant, en ce que la mise en cause a été refusée ; émendant quant à ce, et évoquant en tant que de besoin, permet à l'appelant d'appeler en cause son garant, etc.* (1)

Cet arrêt n'est-il pas en opposition formelle avec deux articles du code de procédure civile, l'article 473 relatif à l'évocation, c'est-à-dire au droit qu'a un tribunal d'appel de juger, *en certains cas,* au premier et au deuxième degré tout ensemble (2), et l'art. 466 relatif à l'intervention en cause d'appel?

D'abord il n'y a point de doute que l'arrêt ne viole l'art. 473 ; puisqu'en évoquant, il ne prononce pas sur le fond du procès par un seul et même jugement. Mais cette évocation, parfaitement inutile dans l'espèce, ne vicie pas l'arrêt, suivant l'axiome : *quod abundat, non vitiat.*

En second lieu, l'art. 466 paraît de même diamétralement contraire à la mise en cause

____

(1) V. le recueil du sieur Sirey, tom. 10, 2ᵉ partie, p. 53.

(2) V. ci-après le traité de la compétence.

du garant ordonnée par l'arrêt. Car, d'après cet article, on ne peut appeler dans un procès que celui qui a droit d'y intervenir : or nous venons de voir que le garant ne peut intervenir en cause d'appel, puisqu'il ne peut former tierce opposition ni au jugement rendu en première instance, ni au jugement rendu sur l'appel. Mais pourquoi le garant n'est-il pas recevable à former tierce opposition ? C'est parce qu'en général sa qualité n'est pas telle qu'on ait été obligé de le faire figurer dans l'instance jugée. Que si pourtant il est reconnu qu'on eût dû l'y appeler et qu'on a eu tort de ne le pas faire, il est reconnu par là qu'il aurait eu droit de se rendre tiers opposant au jugement rendu sans lui, conséquemment qu'il peut intervenir en appel, et par réciprocité qu'on peut l'y faire intervenir, c'est-à-dire le mettre en cause. Or c'est là précisément l'espèce de l'arrêt que nous venons d'examiner.

SECTION III.

De l'Exception de discussion.

217. Celui qui s'est engagé comme caution pure et simple de la dette, n'est qu'un débiteur accessoire, un débiteur conditionnel. Son obligation cesse en effet, si le débiteur principal s'acquitte envers le créancier. (1)

______

(1) Cod. civ., art. 2011.

Et cependant le créancier qui a pour obligés envers lui le débiteur principal et la caution, peut diriger son action contre l'un ou contre l'autre, ou contre tous les deux ensemble; sauf à la caution à lui opposer *l'exception* appelée *de discussion* ou *d'ordre*, parce qu'elle a pour objet de le forcer à *discuter* les biens du débiteur principal (1), avant d'en venir à la poursuivre elle-même en cas d'insolvabilité totale ou partielle de ce dernier.

Mais pour que le *fidéjusseur* (2) puisse renvoyer ainsi le créancier à discuter le débiteur, il faut, 1° qu'il n'ait pas renoncé à l'exception, ce qu'il serait censé avoir fait, s'il ne l'avait pas proposée sur les premières poursuites dirigées contre lui par le créancier; 2° que la discussion qu'il indique à ce dernier ne lui occasione ni déplacement, ni peine, ni incertitude, ni frais; le bénéfice introduit en faveur de la caution ne devant pas tourner au détriment du créancier, ni lui imposer d'autre obligation que celle de faire vendre les biens indiqués, et de répondre envers la caution de l'insol-

---

(1) Discuter, en latin *discutere, excutere*, signifie secouer, faire vendre aux enchères, etc.

(2) *Fidéjusseur*, caution, du mot composé *fidem jubere*; la caution assure en effet le créancier, sur sa propre responsabilité, qu'il peut avoir confiance dans la solvabilité du débiteur principal.

vabilité du débiteur survenue par le défaut
de poursuites. (1)

218. L'hypothèque établie sur des immeubles est aussi comme une espèce d'obligation de ces immeubles qui accède à l'obligation principale pour sureté des droits du
créancier. Les immeubles ainsi engagés deviennent pour ainsi dire les cautions de la
dette; ce sont des fidéjusseurs réels, si l'on
peut se servir d'une telle expression, contre
lesquels le créancier peut diriger son action
pour obtenir l'acquittement de sa créance.
Or ces fidéjusseurs réels qui ne peuvent se
défendre eux-mêmes sont nécessairement
représentés par ceux qui les détiennent. Lors
donc que le créancier attaque l'un de ces
immeubles entre les mains du tiers détenteur par la voie de l'action hypothécaire,
il peut être repoussé par l'exception de
discussion qui appartient à tout fidéjusseur
en général, mais seulement aux mêmes conditions et de la même manière exprimées
au nombre précédent. (2)

219. Nous disons que l'exception de discussion appartient à tous les fidéjusseurs

---

(1) Cod. civ., art. 2021, 2022, 2023, 2024.
(2) Cod. civ., art. 2170. Observons que cette règle
n'a d'application que dans le cas de l'hypothèque générale, et non dans celui où l'immeuble attaqué par
le créancier aurait été spécialement hypothéqué à la
dette; car cette spécialité a rendu l'immeuble en quelque sorte débiteur solidaire de l'obligation principale.
V. art. 2171.

en général. Il y a néanmoins exception à
l'égard de ceux qui sont d'ailleurs directement engagés à la dette principale, comme
est la caution solidaire, comme est le détenteur de l'immeuble hypothéqué spécialement à la créance. Il y a encore exception par rapport à la caution qui a renoncé
au bénéfice expressément ou tacitement (1).
Il y a enfin exception relativement à la caution judiciaire, cest-à-dire à celle que le
débiteur doit fournir au créancier en vertu
d'un jugement qui l'ordonne, indépendamment de toute convention préalable, ou de
toute disposition légale (2) : ce qui vient
de ce qu'en ce cas la sureté étant donnée
par la justice même au créancier, la caution
qu'elle ordonne au débiteur de fournir,
s'oblige directement à lui procurer cette
sureté qui doit être infaillible comme la justice même. Aussi voit-on que, par suite du
même principe, la caution judiciaire est
contraignable par corps à l'acquittement
de son obligation (3) : règles qui ne s'appliquent ni à la caution conventionnelle,
ni à la caution légale.

220. Quant à la nature de l'exception de
discussion, il est sensible qu'elle appartient
à la classe des exceptions purement dilatoires, ainsi que le porte textuellement l'ar-

____

(1) Cod. civ., art. 2021, 2171.
(2) Ibid., art. 2042.
(3) Ibid., art. 2040.

ticle 2022 du code civil ci-dessus rappelé.
En effet le fidéjusseur qui ne l'a pas opposée *à limine litis*, doit être présumé y avoir
renoncé.

221. Il y a un autre bénéfice introduit en
faveur des cofidéjusseurs, c'est-à-dire de ceux
qui ont cautionné ensemble une seule et
même dette : c'est l'exception de division.

On ne peut cautionner une dette, sans
s'obliger à la payer en totalité à défaut du
débiteur. Il suit de là que, par la nature
même des choses, les cofidéjusseurs sont
engagés solidairement entre eux envers le
créancier, s'ils n'ont pas exprimé le contraire.

Le bénéfice de division est une restriction légale de cette solidarité, au moyen
de laquelle le cofidéjusseur poursuivi par
le créancier peut exiger de lui qu'il divise
préalablement son action, et la réduise à
la part et portion de chaque caution.

Cette division opérée, le cofidéjusseur ne
peut plus être poursuivi pour la part de ses
cofidéjusseurs qui tomberaient par la suite
en insolvabilité. (1)

Mais l'exception dont il s'agit est d'une
autre nature que celle de discussion. Elle
n'a pas en effet pour but de suspendre l'action du créancier ; car la caution qui la propose, reconnaissant par là même la légiti-

____

(1) Ibid., art. 2025, 2026.

mité de la demande qui lui est formée, ne peut qu'y acquiescer et faire ses offres, ou subir sa condamnation, jusqu'à concurrence de la part qui la concerne dans le cautionnement. L'objet de l'exception est en conséquence de périmer l'action du créancier, en tout ce qui excède la part du cofidéjusseur; jusque-là que l'insolvabilité des autres cautions ne peut plus rester à la charge de celui qui l'a proposée. Elle est ainsi péremptoire d'action, et non pas dilatoire; elle peut donc être opposée au créancier, en tout état de cause.

Nous n'en dirons pas davantage sur cette exception de division, le surplus des règles qui y sont propres appartenant à l'enseignement du droit civil.

SECTION IV.

De l'Exception de communication de pièces, et de l'Exception ou demande de délais.

222. L'exception de communication consiste en ce que les diverses parties du procès, auxquelles des pièces ou titres sont opposés par leurs adversaires, ayant nécessairement le droit d'en prendre connaissance pour pouvoir y répondre, ont en conséquence celui de demander que ces pièces leur soient communiquées, pendant lequel temps il doit être sursis à la discussion et au jugement du procès.

En principe général, on ne peut être forcé

à fournir des titres contre soi-même, *nemo tenetur edere contrà se* (1) ; mais lorsqu'on s'en prévaut dans son intérêt, ils deviennent dès-lors communs, la défense ne pouvant être moins favorable que l'attaque. (2)

Ainsi, quoique le demandeur originaire ait dû donner dans l'exploit d'ajournement copie des pièces sur lesquelles il fonde sa demande (3), le défendeur n'en a pas moins le droit d'exiger la communication de ces pièces pour s'assurer de leur exactitude, ou pour y puiser, s'il est possible, les moyens de sa propre défense.

Il en est de même réciproquement, si le défendeur s'appuie de son côté sur quelque titre ou pièce.

Et en général quelles que soient les demandes, ou défenses, ou exceptions que présentent les parties, et à quelqu'époque de l'instance qu'elles les présentent, si elles font valoir un titre ou une pièce à l'appui, les parties adverses peuvent en demander la communication ; car la justice et la bonne foi s'opposent à toute surprise qu'elles voudraient se faire les unes aux autres. (4)

Par son objet, l'exception de communication est purement *dilatoire*, cet objet étant pour celui qui l'oppose d'avoir le temps

______

(1) LL. 4 et ult. C. *de edendo.*
(2) V. sup. n. 140.
(3) V. cod. de proc. civ., art. 65.
(4) Ibid., art. 188.

d'examiner les pièces dont il demande la communication. Aussi la loi fixe-t-elle et le délai de la demande, et celui de l'examen (1). Ce qu'il faut pourtant remarquer, c'est que le délai pour proposer l'exception n'est pas prescrit à peine de déchéance; ainsi la loi s'en remet sur ce point à la prudence des tribunaux. Effectivement il serait contraire à la bonne foi qu'à défaut par une partie d'avoir demandé à temps la communication d'une pièce, l'autre pût s'en servir contre elle, et lui refuser cette communication qui serait nécessaire à sa défense. (2)

223. Quant à l'exception ou demande de délais, elle peut avoir lieu dans plusieurs cas différens, et sa nature varie suivant ces diverses circonstances.

1° Il est possible que l'ajournement ait été donné à un délai plus court que celui de la loi; et à cet égard il faut distinguer : ou l'abréviation du délai a été faite arbitrairement par le demandeur, ou elle a été obtenue du juge sur requête de ce demandeur.

Dans le premier cas, il y a exception péremptoire d'instance; car la loi exigeant, à peine de nullité, que le demandeur indique dans son exploit au défendeur le délai pour

----

(1) Ibid. et art. 189, 190, etc. V. la revue élémentaire du cod. de proc. civ.

(2) V. sur le mode de communication et sur le rétablissement des pièces les art. cités du code judiciaire et la revue élémentaire de ce code.

comparaître, c'est-à-dire celui qu'elle a elle-même réglé, il s'ensuit que l'indication d'un délai plus court est une indication nulle. (1)

Dans le second cas, au contraire, qui est celui où le président, sur la requête du demandeur, lui aurait permis d'assigner à bref délai le défendeur, l'exception n'est évidemment que dilatoire de la part de ce dernier, pour obtenir le temps de préparer sa défense.

2° Il est possible que le délai légal de la comparution ne suffise pas au défendeur, si par exemple assigné à sa personne en France, il a besoin d'aller chercher au loin ou de faire venir des pièces qui sont utiles à sa défense. En ce cas il est encore très clair que son exception pour obtenir du temps n'est qu'une exception dilatoire, etc.

SECTION V.

Observation générale sur les Exceptions dilatoires.

224. Le but des exceptions dilatoires étant de prolonger les contestations, et la loi ayant au contraire singulièrement à cœur de les abréger autant qu'il est possible, il s'ensuit que ces exceptions sont en général peu favorables.

―――――――――――

(1) V. cod. de proc. civ., art. 61 4°.

C'est pour cela que la partie qui a plusieurs exceptions de ce genre à proposer, doit les présenter toutes ensemble, et non pas successivement, vu qu'elle pourrait par ce moyen éterniser la procédure (1). Il y a pourtant quelques restrictions à cette règle.

D'abord l'exception du délai pour faire inventaire et pour délibérer de la part de l'héritier on de la femme, peut être opposée par eux préalablement à toutes les autres, puisqu'elle tend à déterminer leur qualité dans la cause, et qu'elle est par là préjudicielle (2). Mais une fois cette qualité fixée, ils rentrent dans la règle générale relativement aux autres exceptions dilatoires qu'ils pourraient avoir à proposer.

Un autre cas ferait de même exception à la règle; c'est celui où les causes qui donnent lieu aux exceptions dilatoires viendraient à naître successivement. On conçoit qu'alors il ne pourrait pas y avoir fin de non-recevoir résultante de ce qu'elles n'auraient pas été cumulées, puisqu'il y avait impossibilité de présenter celles qui n'étaient pas encore nées quand on a opposé les premières. (3)

Par une raison semblable, il faut dire que si en général les exceptions dilatoires doivent être proposées dans leur ordre, c'est-à-dire

---

(1) Cod. de proc. civ., art. 186.
(2) Ibid., art. 187.
(3) Arg. de l'art. 338 du même code.

avant les péremptoires d'action et les défenses au fond ; la règle cède encore ,
dans ce même cas où la cause qui donne
lieu à l'exception ne serait née que postérieurement à la proposition des exceptions
de l'ordre ultérieur.

FIN DU TRAITÉ DES ACTIONS.

TABLE

DES TITRES, CHAPITRES, SECTIONS, etc.
DU TRAITÉ DES ACTIONS.

FIN DE LA TABLE DES TITRES, CHAPITRES, etc.

TABLE

ALPHABÉTIQUE ET ANALYTIQUE

DES MATIÈRES

CONTENUES DANS LE TRAITÉ DES ACTIONS.

(La lettre n. indique le nombre.)

A.

D.

E.

Doivent être jointes et jugées ensemble, si elles sont toutes deux en état de recevoir jugement, n. 214.

Sinon peuvent être disjointes sur la réquisition du demandeur originaire, ibid.

Générale. (Action réelle) V. Action.

H.

Haine. Motif de récusation. V. Récusation.

Héréditaire. V. Extension. Action.

Héritage servant. V. Servitude.

Héritier. V. Inventaire. Exception. Dilatoire.

Humanité. V. le discours préliminaire.

I.

Illégitimité de la possession. C'est au défendeur en action possessoire à la prouver, n. 83.

Tout défendeur n'est pas recevable à offrir cette preuve, n. 84. V. Possession.

Immeuble. Objet de l'action, la rend immobilière. V. Action.

Immobilière. (Action) V. Immeuble. Action.

Imparfaite. V. Possession.

— Possession donne lieu à l'action possessoire improprement dite, n. 85. V. Action possessoire.

Imperfections ou vices de la possession. V. Possession.

Imprescriptible. V. Servitude.

Incapacité est absolue ou relative, n. 145, 146.

— absolue; sa nature, ses effets, n. 146, 147.

— relative; sa nature, ses effets, n. 146, 157.

Se couvre, 1° par la représentation. En quel cas? n. 158.

2° Par l'autorisation, n. 159.

Savoir : par celle de la loi, par celle de la justice, par celle des protecteurs légaux, ibid.

3° Par la représentation et l'autorisation réunies. En quels cas, n. 160.

— par rapport à la prescription et à l'action possessoire. V. Possessoire. Précaire.

J.

N.

O.

Q.

R.

T.

U.

V.

FIN DE LA TABLE DES MATIÈRES.